伊藤野枝と代準介

矢野寛治

弦書房

装丁＝矢野想子

〔カバー表写真〕
伊藤野枝。明治四十四年夏、東京、上野根岸の代準介宅にて。

〔カバー裏写真〕
代準介。大正十二年九月二十六日、東京、落合火葬場にて、大杉栄、伊藤野枝、橘宗一の遺体を荼毘に附す。

〔扉写真〕
右＝伊藤野枝。明治四十四年夏、東京、上野根岸の代準介宅にて。
左＝代準介、昭和二年頃。

（写真はすべて著者蔵）

目次

第三章　新らしい女

はじめに

昭和四十五年（一九七〇年）、二十二歳の暮れ、新宿アートシアターで「エロス＋虐殺」（吉田喜重監督）を観た。無政府主義者大杉栄に今は亡き細川俊之、その内縁の妻伊藤野枝に岡田茉莉子、主に大正五年（一九一六年）の、葉山日蔭茶屋事件を素材に当時の社会主義者たちの頽廃が描かれていた。大杉と野枝と、神近市子（映画の中では「正岡逸子」となっている）、インテリ男女の三角関係のもつれによる刃傷事件である。

神近役に楠侑子（劇作家別役実氏夫人）、野枝の夫辻潤（野枝の高女時代の英語教師、ダダイスト）に高橋悦史、大杉の妻堀保子に八木昌子、野枝の従姉代千代子に新橋耐子という布陣である。大杉と野枝は幼い甥っ子と、関東大震災の戒厳令の中、甘粕正彦らの憲兵隊に虐殺される。映画の最後、太い麻紐が首に巻かれた細川俊之の顔がニヤリと笑う。虐殺されたことで、さも勝ったといわんばかりに微笑むのである。もちろんこれは吉田喜重監督の表現であるが。

大正デモクラシーとは何だったのか。

社会主義者やアナキストという者は「フリーラブ」を提唱し、ふしだらに不善を為す者たちの事なのか。「絶対の自由」を標榜するアナキストとは何なのか。不善こそがアナーキーなのか、官憲に抵抗し虐殺される事こそがアナーキーなのか。

大正という時代は明治の生真面目さが溶解し始めた時期である。日清日露第一次世界大戦に勝利し、日韓併合があり、国家全体主義とインディビデュアルな個を大切にする社会主義との桎梏の始まった時期でもある。そこに平塚らいてうや伊藤野枝らが「新らしき女」を標榜し、多くの意識の高い女性らが声を挙げ始めた。とくに明治期、男たちが女性を型に嵌めようとした「良妻賢母」思想からの脱却が原動力にもなっていった。左右の主義主張のみならず、男女間の在り方、結婚及び貞操観念にまで明治の圧搾された空気は、風となり嵐となっていった。

映画「エロス＋虐殺」を観てから四年後、昭和四十九年（一九七四年）に、私は妻と結婚した。妻が私のもとに嫁いできたとき、妻の曽祖父代準介《だいじゅんすけ》と、その姪で女性解放運動家伊藤野枝との関係を知る。妻の家に「牟田乃落穂」と題された、代準介手書きの自叙伝が残されていた。代は伊藤野枝の育ての親と言っても過言ではない。自叙伝の中は、そばに居た者にしか書けない真実で埋められていた。

特に妻の母（川崎（代）嘉代子）が悔しがっていた事は、自分の母親代千代子が、大きな誤解のもとに小説や映画、及び多くの野枝研究家の文章の中に著されていたことだ。それらの中でも特に、瀬戸内晴美（現・寂聴）氏の『美は乱調にあり』に於ける、辻潤と千代子の不倫表現が大きく後世に影響している。

先述の映画「エロス＋虐殺」の中でも、千代子役の新橋耐子が辻役の高橋悦史と不倫する場面がある。ありえない話であり、そのことはこの本の中で詳らかにしていきたい。後世の研究家たちは自ら真実を調べることなく、受け売り、孫引きをしていったようだ。

また義母（川崎（代）嘉代子）が悔しがっていた事は、野枝の育ての親である祖父代準介が多くの研究家たちから、「狡猾な叔父」と書かれたことである。代準介は真に野枝を愛し、可愛がり、学校にやり、死ぬが死ぬまで父親のような愛情で面倒を見ている。死後も遺児等を実孫のように守っている。この「狡猾な叔父」という言葉とイメージがどこから発生し、研究家たちが疑問も持たず、そのことを踏襲したのか、そのことも文中で詳らかにしていきたい。

結婚して長い年月、脳裏で書かねば書かねばと思いつつも、勤め人としての会社業務や子育て、日々の暮らしに追われ、いつしか忘却に近い状態にこの自叙伝は追いやられていた。

義母が身まかり、この和綴じの古い本は再び義母の遺品の中から姿を現した。久々に読み進めると、野枝や大杉のことはもちろん、虐殺後の諸々の顚末や後始末にもしっかり言及されている。特に遠縁に当たる玄洋社の頭山満との昵懇の交流も多く記されていた。玄洋社の手助けをしながら、国家の蠹《と》毒とまでいわれた大杉や野枝を見守っている。

私は忘却していた思いを覚醒させた。

若き日の決意から三十余年、今度こそ「牟田乃落穂」を元に、明治大正の女たち男たち、そして一瞬の台風の目のような大正という時代の「光と影」を描き、義母との約束を果たそうと考えた。

二つの「牟田乃落穂」について

「牟田乃落穂」には、原本（昭和初期刊）と写本（昭和三十三年刊）とがある。原本は筆書き紙縒り綴じで、写本はガリ版印刷の和綴じである。原本は数冊あり、代準介《だいじゅんすけ》はそれぞれの孫に持たせたようだ。

井元麟之著の「ひとつの人間曼荼羅」（部落開放史ふくおか創刊号）の「はじめに」に、「翁（代準介）自筆の自叙伝は、数冊のうち一部しか現存していないが」とある。人生の最後に落魄した彼が唯一孫たちに残した遺産ともいえる。

冒頭の緒言にこう書いている。

「人間一生涯勉めて成らざることと、励みて達せざる事あらん。乍去、予少壮の頃小成に安んじ世路を誤り、物質的成功も亦精神的の長者ともなり得ず、凡俗の一人に過ぎず。然るに持って生れし個性の一端は行路の上に印し、其事蹟を録し子孫に傳ふ。又意義あるものと考へ、摘んで記して以って自叙傳とす」

義母（川崎（代）嘉代子、代準介の娘千代子の長女）の所有する原本は、内容は昭和十一年までを書いているが、年譜は昭和二年までとなっている。写本は昭和三十三年十一月十六日のもので、義母及び親族が代準介十三回忌に偲びの品として、集まれる一族に配ったものである。この写本が世に出回った。原本と写本では項目の順序も、文言も多く異なる。また原本に無い項目も写本には含まれている。概ねの大意は同じだが、都度書かれる毎に多少の変化が生じたものと思われる。

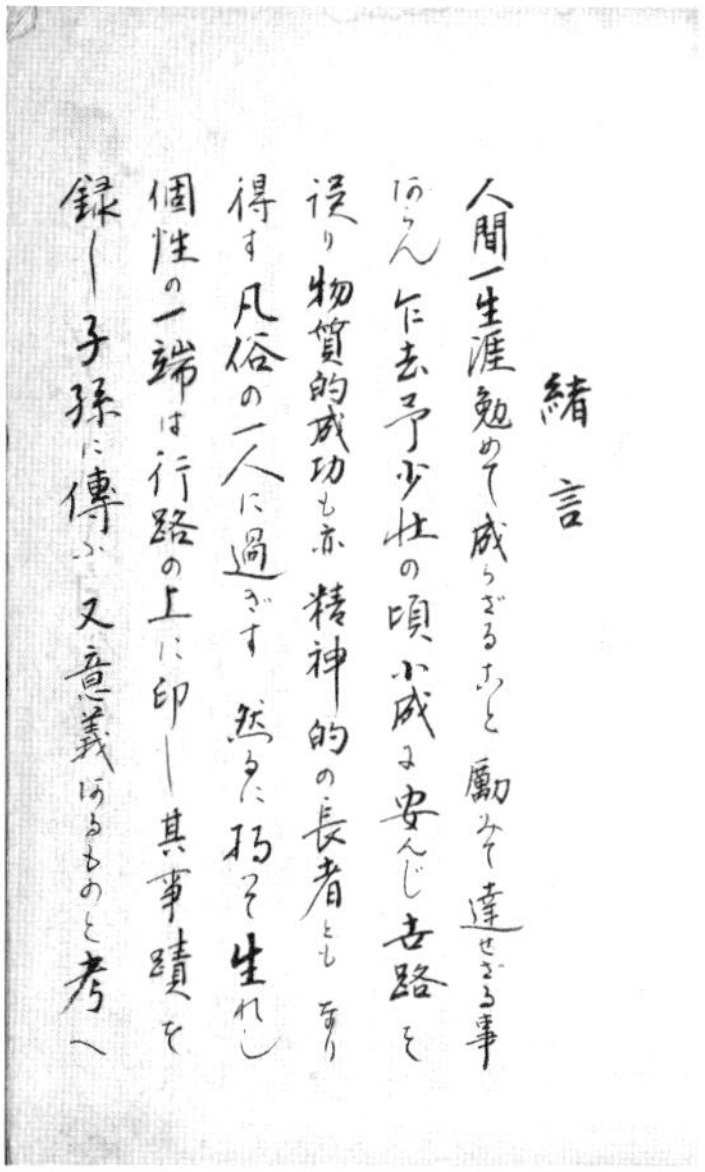

緒言

人間一生涯勉めて成らざるなく励みて達せざる事なし乍去予少壮の頃小成に安んじ岐路を誤り物質的成功も亦精神的の長者とも成り得ず凡俗の一人に過ぎず 然れ共苟も生れし個性の一端は行路の上に印し其事績を録し子孫に傳ふ又意義あるものと考へ

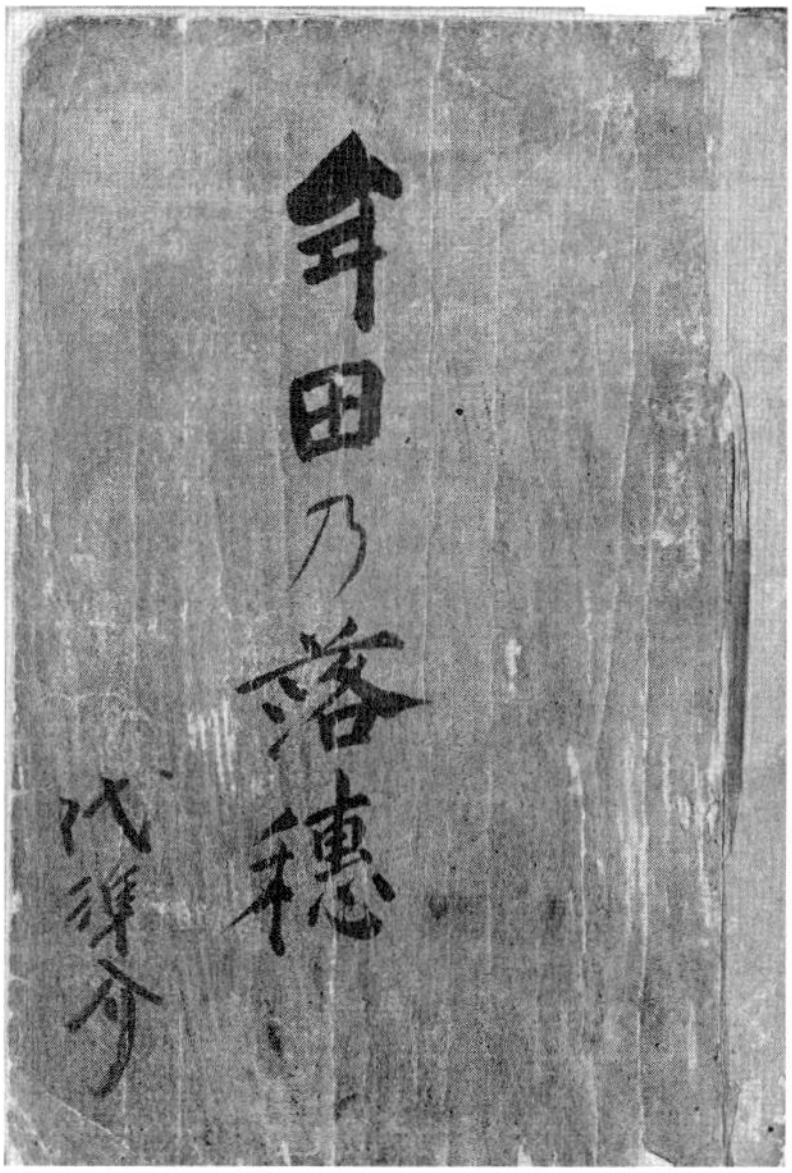

牟田乃落穂

代準介

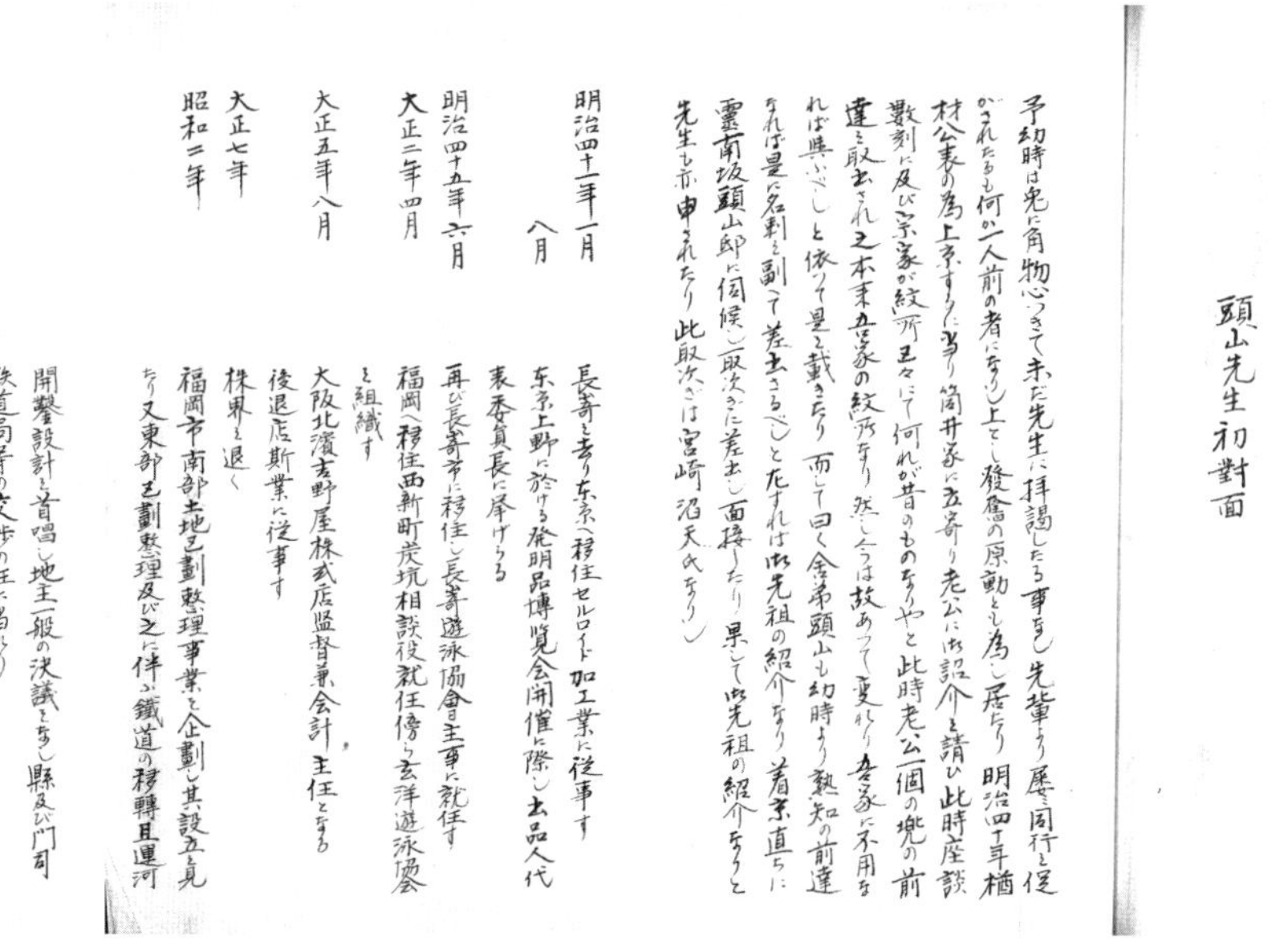

頭山先生初對面

予幼時は兎に角物心つきて未だ先生に拝謁したる事なし先輩より屢々同行を促がされたるも何か一人前の者になりし上でとし發奮の原動と爲し居たり 明治四十年植村公表の爲上京するに当り筒井家に立寄り老公に御紹介を請ひ此時座談數刻に及び宗家が紋所等々にて何れが昔のものなりやと此時老公一個の兜の前達を取出され之本末五家の紋所なり然し今は故あつて変れり吾家に不用なれば與ふべしと依つて是を戴きたり 而して曰く舎弟頭山も幼時より熟知の前達なれば是に名刺を副へて差出さるべしと左すれば御先祖の紹介なり着京直ちに靈南坂頭山邸に伺候し取次ぎに差出し面接したり 果して御先祖の紹介なりと先生も亦申されたり 此取次ぎは宮崎滔天氏なりし

明治四十一年一月　長崎を去り東京へ移住セルロイド加工業に従事す

八月　東京上野に於ける発明品博覧会開催に際し出品人代表委員長に挙げらる

明治四十五年六月　再び長崎市に移住し長崎遊泳協會主事に就任す

大正二年四月　福岡へ移住西新町炭坑相談役就任傍ら玄洋遊泳協会を組織す

大正五年八月　大阪北濱吉野屋株式店監督兼会計主任となる

後退店斯業に従事す

大正七年　株界を退く

昭和二年　福岡市南部土地区劃整理事業を企劃し其設立を見たり又東部区劃整理及び之に伴ふ鐵道の移轉且運河開鑿設計を首唱し地主一般の決議を為し縣及び門司鉄道局等の交渉の任に当れり

「牟田乃落穂」原本。晩年、頭山満翁に「自叙伝を書いてみん」と言上すると、「題字は自分が書きて與へん」と言われて頂戴している

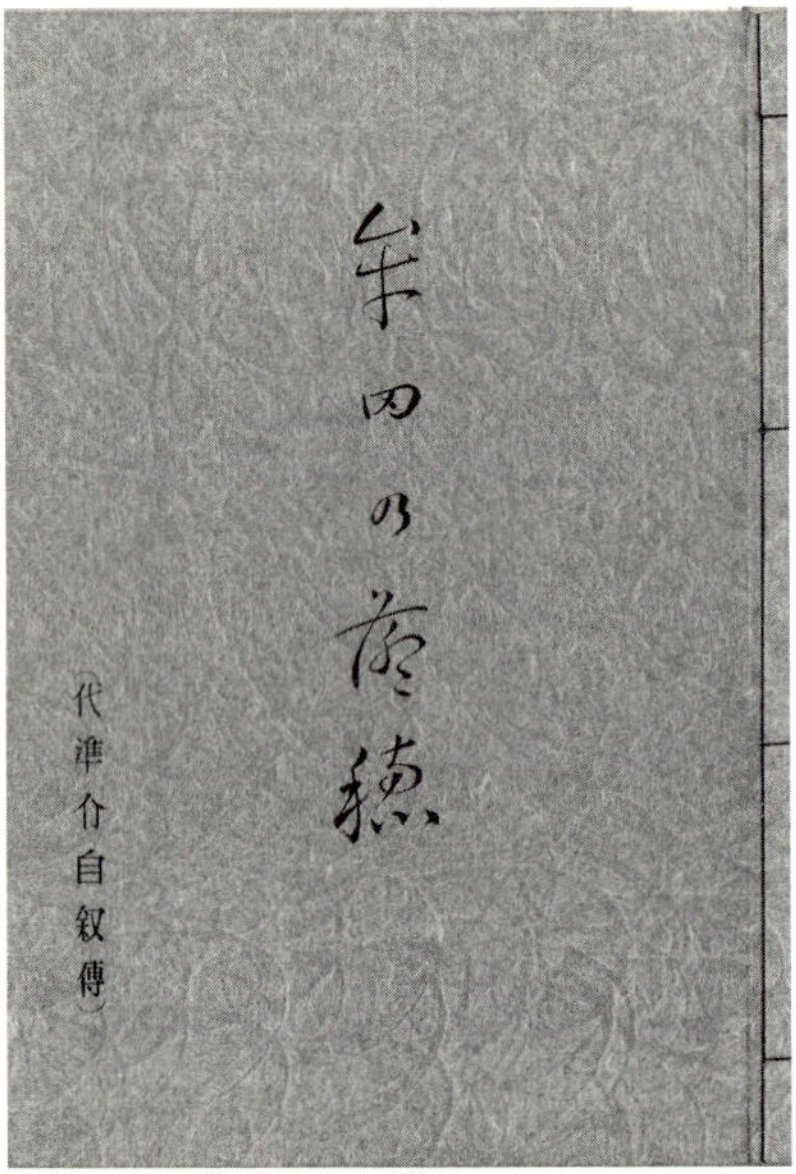

緒言

人生五十年勉メテ成ラサルコト勗ミテ達セサルコトアラントノ信念ヲ以テ青年時代ノ予ハ常ニ奮闘努力順潮ニ進ミ居リシカ壮年ニ至リ小成ニ安ンシ聊カ世路ヲ誤リ物質的成功モ亦精神的長者トモ成リ得ス凡俗ノ一人ニ不過乍去持ツテ生レシ性質ノ一端ハ行路ノ上ニ印シ其事蹟ヲ録シテ孫ニ傳フ又意義アルモノト考ヘ爾シテ記シテ以テ自叙傳トス

-24-

頭山先生初対面

幼時ニハ時々出会シタルコトアル由ナルモ物心付キテ以来其機ヲ得ス先輩ヨリ屡々同行ヲ促サレタルモ何カ一人前ノ男ニナリシ上ト発奮ノ原動トモナシ居タリ

明治四十年摑衣発見ニヨリ上京スルニ際シ筒井家ニ立寄リ老公ニ頭山先生ニ御紹介ヲ請ヒ而シテ座談数刻ニ渉リ宗家ノ救所ニ及ヒタリ現今筒井ハ変リ居ルモ本来ハ是ナリト持出サレシハ鬼ノ前建ナリ吾家ニハ不用ナレハト予ニ与ヘラル尚紹介状認メラレントシテ不斗中止シテ曰ク此前建ハ弟頭山モ熟知シ居レリ故ニ此前建ニ名刺ヲ添ヘテ差出サルヘシ左スレハ御先祖ノ紹介ナリト着京霊南坂ナル頭山邸ニ到リ取次ニ差出シ面謁シタルニ果シテ御先祖ノ紹介ナリト申サレタリ此取次人ハ滔天宮崎氏ナリシ

家賃値上

明治四十一年六月長崎ヨリ東京ヘ移住下谷区下根岸ヘ借家ス此家ハ以前戸田子爵居住シ居レリ一ヶ月三十五円ニテ割合ニ安ク裏ニ家主長谷川氏ノ邸アリ其境ニ物置小家アリシヲ其大部使用ヲ諾セラレケレハ其月ヨリ五円ノ値上ヲ申込タリ然ルニ家主之レニ応セス不用ノモノ用擁シタルトノ言ナリ予両三申入レ最後ニ暫シ応諾ナキ上ハ明ケ渡スヘシト告ケタリ此事近隣

-93-

カ最モ得意ナリ十九才ノ時一日ニ十六里ヲ走リ四十才ノ時富士登山一日往復ヲナシタリ食事ハ普通ノ人ヨリ健啖家ト称セラル予モ断クト信ス一月ノ雑煮餅三十八個少ナキモ三十個ヲ下ラス推シテ知ルヘシ

茶味

茶道熱中ノ長崎時代富豪某々ノ席ニ招カレタル折器具ノ結構貴重ナルモノ其価十万金ニ上レル敢テ珍トセス又料理ニ於テオヤ然ルニ両ニハ赤貧ニ安ンシ居ル老夫妻ノ催シアリ是ハ主人自ラ丹精ノ竈リタル然カモ其蛇ヒシキ趣好裏ニ味フヘキモノアリテ今ニ至ルモ心根ニ徹セリ考フルニ富ノ力ヨリモ情ノ切ナルモノ威ニ勝レリト信ス

市会出馬断念

大福岡建設ニ伴フ鉄道移転都市拡張ニ卑生ノ使命ヲ果ス爲メ単獨六十六才老骨ヲ以テ大決心ヲナシ市会議員立候補準備中ノ処三月中旬神経痛ニ罹リ歩行スル事ヲ能ハサル爲ノ断念スルノ止ムナキニ至レリ

昭和八年四月

「牟田乃落穂」写本（昭和33年刊）

因みにこの原本は、松下竜一氏が『ルイズ、父に貰いし名は』（講談社）を書くとき、長く大分県中津市の彼の書斎に貸し出されていた。

今回の上梓に当たっては、義母の持つ原本「牟田乃落穂」を読み解き、この文章の元とした。

昭和57年、松下竜一氏と。左より川崎(代)嘉代子（代準介の孫、筆者の義母)、松下竜一氏、筆者、筆者の妻千佳子（嘉代子の娘、代準介の曾孫)。『ルイズ　父に貰いし名は』が刊行された頃、大分県中津市の松下さんの書斎にて写す

代《だい》家・伊藤家略系図

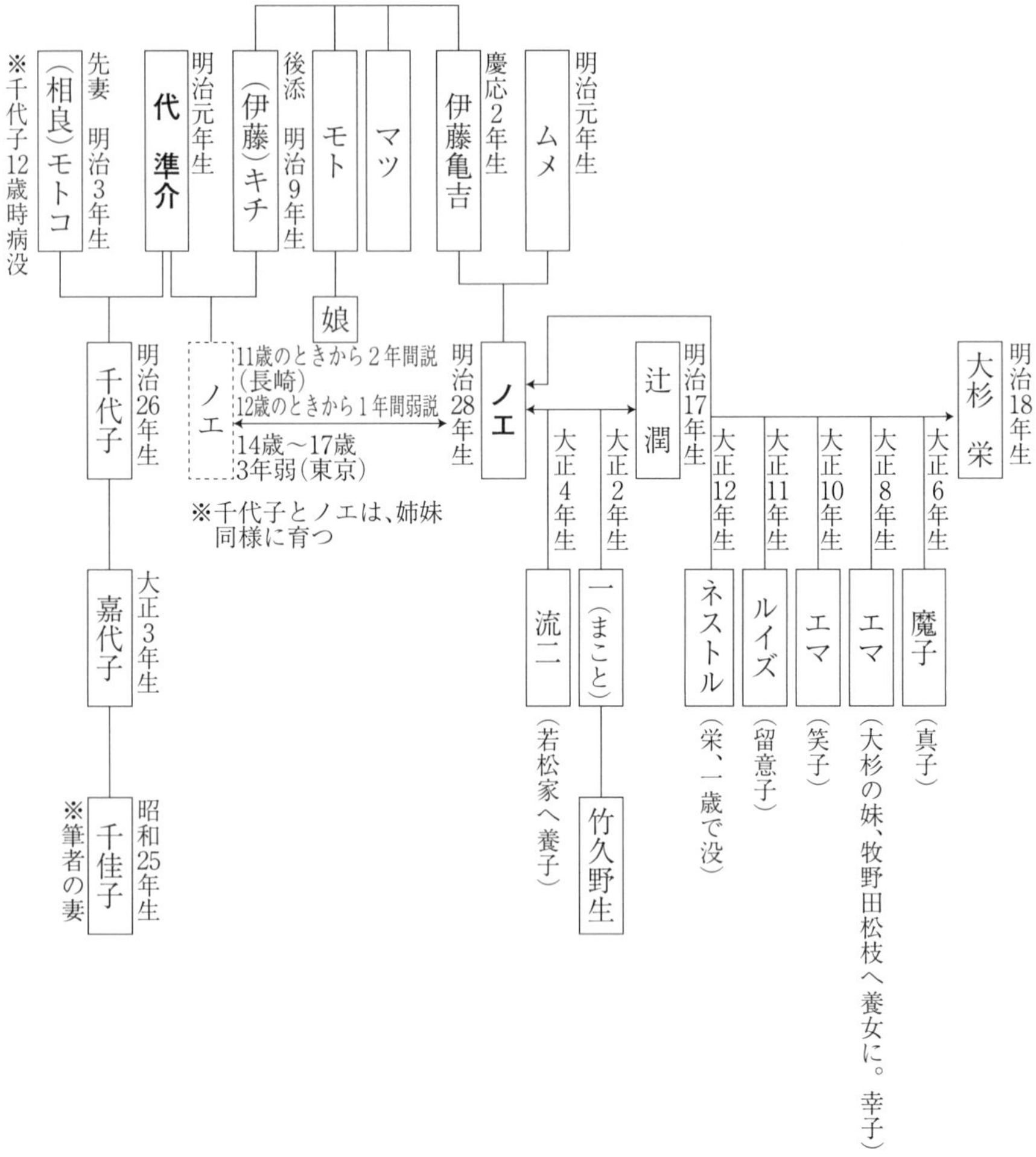
明治元年生
ムメ
慶応2年生
伊藤亀吉
マツ
モト
後添　明治9年生
(伊藤)キチ
明治元年生
代　準介
先妻　明治3年生
(相良)モトコ
※千代子12歳時病没
娘
明治28年生
ノエ
ノエ
11歳のときから2年間説
(長崎)
12歳のときから1年間弱説
14歳〜17歳
3年弱(東京)
※千代子とノエは、姉妹同様に育つ
明治26年生
千代子
大正3年生
嘉代子
昭和25年生
千佳子
※筆者の妻
明治17年生
辻　潤
明治18年生
大杉　栄
大正4年生
流二
(若松家へ養子)
大正2年生
一(まこと)
竹久野生
大正12年生
ネストル
(栄、一歳で没)
大正11年生
ルイズ
(留意子)
大正10年生
エマ
(笑子)
大正8年生
エマ
(大杉の妹、牧野田松枝へ養女に。幸子)
大正6年生
魔子
(真子)

平成22年、博多にて。右はし、筆者。中央、竹久野生（伊藤野枝の孫、画家・エッセイスト）。左はし、矢野千佳子（代千代子の孫、筆者の妻）。野生さんの作品を中央にして。伊藤ノエと代千代子は姉妹同様であり、かつライバルであった

第一章

長崎の空の下

《第1話》代準介のおいたち

代のルーツは雷山（福岡県糸島市）中腹の筒井七郎権現の下、筒の滝（別名・七郎滝）の一角である。中世の苗字は「雷」であるが、彼の自叙伝「牟田乃落穂」によれば、「黒田公筑前に封ぜられて以来、召出されたる分家多数あり、何れも祖先に因み筒井を姓とせり、頭山満氏の生家も即ち是なり」とある。代の祖先は元岡（福岡市西区）に出て大庄屋となる。雷を「代」と改める。

代準介は明治元年（一八六八）七月二十日の生まれで、幼き日から正義感の強い子供だった。明治十年、西南戦争の折は、まだ四民平等とは名ばかりで、士族と平民の往来すら遠慮されてた。いわんや旧部落と交流することなど考えられない時代にその差別に理不尽さと義憤を感じ、あえて尋常小学校の登下校時、部落を往復している。

「牟田乃落穂」には、「予、退校の途、彼等の部落通行の折、餅搗の音を耳にす、何心なく彼の家に到り、餅を所望しければ喜んで三個を與ふ、依って其場にて一個を食し、二個は紙に包んで持帰り母に示したり、母は余りの事に驚きたる様なりしが、忽ち予を抱き上げ涙に咽び、能くも貰ひ来りしと大いに喜びたり、当時村人の話題に上がれり」とある。十歳にして階級打破の精神が宿っていた。

母親は現・糸島市志摩馬場の友池家から嫁いでいる。代の博愛義侠心を養生したのは母親の無言の教育に拠るものであろう。

「牟田乃落穂」の中で母に触れている。

「予の生家の二軒先隣其家に母と同じ年頃の姉妹あり、不幸にして姉妹何れも天刑病（ハンセン氏病）に罹り外出を憚かる、母は親しく慰め近郷の神仏、縁日又は芝居等に同伴すること却って楽しむようなり、又六七軒の特殊部落あり、是等の人に対し古着古足袋其の他施與する事あり、それ等の人々より慈母の如く敬われ三十九歳にて死去したり、その葬儀の時、路傍に座して見送りて前例なき」

明治十二年五月、代が十一歳の時に母は身罷る。母は死に臨み、「僧侶となし呉れとの遺言なりしも、一人児のこととて父（佐七）等の意向にて実現を見ざりし」とある。

尋常小学校を出ると、一人児とのことで遊学も叶わず、家業を継ぐ。家は村に一軒の日用品一切、穀物買入れの業を営んでいる。十三歳から菜種の買い付けに周辺の村々を回っている。「牟田乃落穂」に拠ると、「菜種の出買いに行き桑原近く、野北桜井（現・福岡県糸島市）辺に出物を待ち受く、固より品質の良否鑑別の識なく、ただ野北物は良質なりと知れり、因って談話を試み、何村の人なりやと確かめ購入したり」とある。子供ながら物差しをもった智恵である。

また同じ年、毎日小川で遊んでいる仲間たちに、遊んでるくらいなら村の荒地（牟田）を開墾しようと説得する。草を根こそぎに抜き、竹を刈り取り、「二ヶ月を費し一反五畝歩の開墾を了し、田植草取すべて型の如くして米六俵余の収穫を得、是にて宮祭り等の費用に充てたり」とやり遂げている。

この時代は日本中誰しも二宮金次郎（尊徳）を尊敬しており、一万石のお米も一粒から、千里の道も一歩からの、尊徳翁の説く精神「積小為大」が胸中に充満していたものと思う。

同じ十三歳の時、友八名と組んで書籍会社（貸し本業）を起している。各家にある書籍を持ち寄り、本の目方で出資額を決めている。「書籍に賃與料、期日を定め、集まりたる金を以って新書を購入し益々進展に向ひ居りしに、十年の後、予、長崎に移りたる故解散したり」

子供ながらなかなかのアイデアマンでもある。

起業力やリーダーシップにも長け、十六歳の時に、太郎丸村外四ヶ村役場の書記となる。初任給は二円でのスタートだったが、一年後には五円に昇給し、十七歳で土地総丈量主事となり、六十余人からの技術員を監督している。すぐに県からの抜擢にて、九州鉄道株式会社に転職する。明治二十一年市町村制実施となり、最初の収入役に当選している。二十三歳まで収入役を務め、任期満了とともに実業界に身を投じようと考える。

父は母亡きあと、家業を準介に任せ、長崎に出る。活気溢れる長崎に職を求め、新しい妻を娶り暮らしている。

思い返せば、準介は十九歳の折、父に会うために休暇を利用して、長崎まで約二〇〇キロの道のりを二日半で歩いている。非常な健脚である。当時まだ鉄道は敷かれていなかった。

「徒歩にて夜半に起き発足、同日午後早岐に着せり、この行程実に二十六里、予、長崎在住の父を尋ね行き、一週間後にて父の家を辞す、其の時父は他出して居らず、留守の間に立つべしと依って其の心情を知るべし」

と記している。

代は肉親の縁に薄い男であったが、それでも父を思慕し、二十三歳の時に長崎に出る。自分は公務よりも、実業に才覚があると考えたからである。実業ならば海軍とも深い関係にある、三菱の街にこそ商機はあると踏んだ。先ず長崎は高島炭鉱諸色問屋小曾根商店に住込みで入社する。当初は一二名の店員の中、当然最下級であったが、経理出納簿を常に枕として眠り、早起きしてすべてのランプ煤磨きを一人でこなしている。老主人小曾根六右衛門に気にいられ、一年で番頭へと昇格する。老主人から、孫の名の命名の相談をもされ、老主人六十一歳につき「六一郎」はいかがと進言し、採用されている。代は酒をいっさい嗜まず、炭坑労働者たちにも慕われ、小曾根の仲立ちで、貿易商で回漕業相良商店の娘モト子十八歳を娶る。よって嫁の実家を手伝う事となり、長崎市内に移住する。

　これより、代の実業人としての快進撃が始まる。

右、代モト子（代準介の妻）。中、代千代子（3歳）。（明治30年）

《第2話》代準介の長崎時代

代準介は明治二十四年（一八九一）、二十四歳で妻モト子の実家「相良商店」に入り、海軍に出入りするようになる。当時、日本海軍は軍艦「定遠、鎮遠、来遠」等を擁する清国海軍にまだ見劣りがしており、急ピッチで海軍力を増強させていた。

明治二十六年に長女・千代子を授かる。妻モト子は病気がちの身体で、千代子の成育のみを楽しみとし、日々の慰めとしていた。

明治二十七年、日本が庇護していた朝鮮独立党の金玉均が上海で殺害される。皇后閔妃側は清国に援助を受けており、いよいよ朝鮮半島の支配権をめぐり、日清は緊迫化をしていく。同年八月一日両国同時宣戦の布告となる。代は日清戦争開始に際し、「旗艦松島、厳島、橋立」三艦船の酒保（軍隊内で酒類や日用品を売るところ）御用達となる。九月十六日黄海大海戦で日本側は清国の主だった軍艦を破壊沈没させている。

翌二十八年に相良商店を離れ独立をし、「代商店」を開く。海軍との商いは順調で、海軍の紹介で三菱造船への出入も始まる。徐々に信用を得て、財をなしていくも、多くの友人たちの金窮や没落に対し、融資をし、また一切返済を求めず、借用書を破り捨てている。持ち逃げした使用人にも寛大な処置をしている。

「牟田乃落穂」にこうある。

「三菱造船が多年蓄積せるチークマホガニー材の切端払い下げ、全部引き受け是を長崎市有埋立地を借りて置場とせり。然るに何等囲いの設備なき故番人の要あり、因って浮浪の親友某を之に充つ、此の男、数年前に召使居りしに密に指輪其の他金属を持出し逃亡したる者なり。然り乍ら、妻死して子供二人ある故憐みて使用したり。この時仲仕等、予に対して注意して曰く、彼は泥棒ならずやと。予答へて壁の破れは土を持って補ふ、泥棒の番を泥棒に託す大丈夫なりと。此れに類すること、生涯に多数あるも略す」

危なっかしいといえば、あぶなっかしいが、代は断じて人を信用するという流儀で世を渡った。商売もその恬淡とした人柄で拡大の一途となった。しかし騙されることも多く、逆に率先して騙される覚悟を腹に据えていたようだ。

明治三十八年、三十八歳のとき、妻モト子を病で亡くす。一人娘千代子はまだ十歳である。相良の実家側に預け、養育を頼み、一年の喪が明けた後、伊藤キチを後添えに貰う。キチは今宿（現・福岡市西区）の生まれで、代の幼馴染み伊藤亀吉の妹である。伊藤の家は今宿で「萬屋」という廻船業を営んでいたが、亀吉の代ではすでに家業は傾いていた。亀吉には妹が三人あり、上からマツ、モト、キチである。キチは明治九年の生まれで、大牟田の三井家に行儀見習いに上がっていた。亀吉は準介が不便であろうと、最も利発で芯のしっかりした、末の妹を急ぎ長崎へ嫁がせた。キチ、三十歳のときである。この兄・亀吉の長女が伊藤ノエ（戸籍上の名はカタカナ）である。ノエは明治二十八年一月の生まれで、千代子が明治二十六年八月生まれ、二歳年齢が違うように見えるが、ノエが早生まれであり、実際は一学年の差となる。亀吉は写真で見ると、映画俳優・河津清三郎（一九〇八―一九八三、無声映画時代からの名優）に似たいい男である。ゆえにご婦人にもてたようで、家を顧みず、時々は女と逐電していたようである。そのため、ノエの母ムメは相当の苦労辛酸を舐めた。

代千代子、六歳。長崎、西山尋常小学校入学時
（ゆくゆく伊藤ノエの従姉となる）

代準介は三十二歳で三菱造船御用達に上がってからは、木材納入、古鉄払い下しを命じられる。幼き日から菜種の買い付け等で鍛錬された交渉術が功を奏し、稼業はますます上向く。

「牟田乃落穂」によれば、

「予、三十三才、長崎一流紳士娯楽茶道の仲間入りを為す。此の頃より生活は勿論心境の変化を来し、読み物の如きも方丈記等を耽読し、茶禅得道に没頭せり。此の時代が生涯中の得意なりし、初め友人山本弁護士方にて宗匠山口翁と知り合ひと成り居る内、宗匠一家破滅の悲惨事起り、全財産を処分することとなり、茶器も亦入札す」と記されている。

代は三菱造船のおかげで分不相応の収入を上げ、茶にのめり込むうちに同時に古美術の蒐集にものめり込んでいった。この時、山口なる宗匠より大燈国師、夢窓国師、一休等の茶掛を買ひ取り、長崎の財界人や茶人連を驚かせている。また転売した物の利益は宗匠宅に届けてもいる。

「其の後、茶人一味よりの噂高くなりたれば、予に対し茶会を催せと促す。去り乍ら、予、固より茶道を解せざる故を以って否めり、老（宗匠）曰く、無風流これ風流なり、又曰く茶は法有って法なき也と。予曰く、さすれば如何なる事も恕せらるるやと。（略）葬式の趣向を以って為さんと決し装具屋に到り、棺桶其の他一切の装具を取揃へ、又別室には老が予に宛てたる書簡を巻物に仕立てたるものを飾り、老の生葬式を成し、老は固より茶人一味を驚かせり」

その翌年には、また一周忌の茶会を催している。長崎の茶人、高級役人、政財界人、新聞人などの他に、晧台寺方丈の僧侶三十余名を招き、読経、献茶、香手前、禅問答に始まり、一周忌役の老宗匠の遺物分配などを遊び、大いに茶目ぶりも示している。

此の頃の代準介一家は、長崎でも有名な池島正造骨董店のすぐそば麹屋《こうじ》町に居住し、多くの女中、男仕を雇って暮らしていた。

《第3話》代準介の成功

お茶目なる遊びの茶から、豪遊を通過し、代準介は次第に下記のような心境に達していく。

「牟田乃落穂」にはこう記されている。

「茶道熱中の長崎時代、某富裕者の席に招かれ、結構極れる茶室、庭園、茶器に至りては一席十萬金にも達し、料理に於いては全国の佳肴珍菓至れり盡せりなり。然るに時には老夫妻が清貧に安んじ、茶会を開き、丹精して侘しき趣向にて茶器の如きは疵物を用ひたれど、真に味ふべきものありて、今に至るも心根に徹し居れり。茶は富の力よりも、心情の籠れるを真に尊きと感じ居れり」

代はいつも方丈記を座右の書とし、繰り返し繰り返し読んでいる。晩年、「牟田乃落穂」を記したのも、鴨長明に倣ったものと思われる。「ゆく河の流れは絶えずして、しかも元の水にあらず。よどみに浮かぶうたかたは、かつ消えかつ結びて、久しくとどまりたるためしなし」

代は自らを「うたかたの泡」とし、無常観と諦念を内包して生きている。かたや茶掛けでは一休物を多く蒐集したるは、一休の恬淡自然な生き方にも強くあこがれ、強く影響を受けている。

もう一つの座右の書に「閑吟集」がある。

「なにせうどくすんで　一期は夢よただ狂え」

「思えば露の身よ　いつまでの夕べなるらん」

また、一休禅師の歌、

「地獄極楽境の峠　さても一服一休み　雨よ降れ降れ　風よ吹け吹け」を愛誦している。一代の脳裏に二つの人生の軸がある。一つは無常観、そしてまた一つがやるだけやってみるかという、一代勝負の狂気である。この二つを相克させながら生き抜いていく。

後に伊藤ノエが自らを鼓舞し、よく揮毫した言葉に、「吹けよあれよ　風よあらしよ」がある。ノエは多くを叔父・代準介から薫陶を受けている。代と姪の伊藤ノエ、この世を諦念を抱いての常在戦場と、今生一代勝負の気概が二人ともよく似ている。それとも、明治の息吹が室町期に似ていたのか。

当時、代は三菱造船の技術課長を八代や人吉に案内し、大角物の栗材木を大量購入し、長崎に回送したり。造船所の鉄くずを三十万斤を大阪で捌いたり。土州産の檜をやはり大量に購入し、三菱に納入している。日露戦争前であり、材木、鉄くずは、右から左へ面白いように売れ、多額の利益を得ている。

明治三十七年二月に日露の国交は断絶となり、対露宣戦の詔勅が出される。三月には旅順港閉塞作戦。福井丸での広瀬武夫少佐（一八六八〜一九〇四、大分県竹田出身、死後、特進中佐）、杉野兵曹長の話しは国民を鼓舞し、有名な「杉野は何処、杉野は居ずや」という歌詞と共に唱歌になり国中で唄われた。教科書の修身に広瀬の美談は載せられ、軍神とまで祀られた。同年六月から掛かった二百三高地攻略は半年の時間を要し、やっと十二月一日に艱難辛苦の末に陥落せしめた。旅順攻囲軍は乃木大将が司令官で、多くの将兵を戦死せしめたが、乃木自身も長男勝典歩兵中尉、次男保典歩兵少尉を亡くしたことで、国民から多くの同情を得て、やはり「水師営の会見」という尋常小学校五年生用の唱歌となっていく。

明治三十八年に♪ここは御国を何百里　はなれて遠き満洲の　赤い夕日に照らされて　友は野末の石の下♪（作詞真下飛泉）で有名な叙事唱歌「戦友」が全国で歌われだし、今も人気のある歌である。海軍が広瀬を

昭和 18 年、左から代準介、代恒彦、代キチ

軍神にしたことにより、陸軍も負けじと遼陽城頭首山堡で壮烈死した橘周太少佐（一八六五〜一九〇四、長崎県出身、死後特進中佐）を軍神とする。「橘中佐」は軍歌と唱歌の二つが作られた。

　翌三十八年五月二十七日、「敵艦見ユトノ警報ニ接シ、聯合艦隊ハ直ニ出動之ヲ撃滅セントス。本日天気晴朗ナレドモ波高シ」の電文が司令長官東郷平八郎（一八四八〜一九三四、鹿児島市出身、海軍大将、侯爵）名で打たれる。丁字戦法、東郷ターンを駆使し、二十七日二十八日の二日間でロシア・バルチック艦隊三十余隻をほぼ日本海に葬る。二十七日戦端を切るにあたり、東郷提督の発した檄文、「皇国の興廃此の一戦に在り、各員一層奮励努力せよ」は、非常に将兵を鼓舞した。日本中が大国ロシアを破ったことで、国民は欣喜雀躍、狂喜乱舞、提灯行列、一等国入りを喜んだ。

　明治三十八年、日露戦あとも、代商店には三菱造船所より注文が殺到し、木材の納入も激増している。とくに良質の欅《けやき》を求めて宮崎一帯を廻り、日向ですべてを買い取り、一仕事で七万余円（現在価格・約二億数千万円）程の商いを続ける。「牟田乃落穂」に依れば、

「注文を受けたれば、即夜宮崎地方へ出発し、日向一ノ瀬川福島に山積せる槻良材あるを知り、荷主延岡谷仲氏に面談す。槻材は他に比類なき良材にて、己に大阪森平商店、名古屋長谷川商店等申込みありたるも未だ商談整わずとのこと」

代は先に商談の二店を覆すため、即座に持ち合わせの一〇〇〇円を手付けに渡す。直ぐに長崎に舞い戻り五〇〇〇円を調達し、長崎十八銀行から為替引受証を宮崎百四十三銀行へ送らせる。同時に汽船秀吉丸、仁義丸をチャーターし、毎日二〇〇人の人夫を使い、槻を筏に組ませて川を下らせ、沖合いの両船に積み込み、長崎へ回漕する。益々、三菱造船からの信用を得て、店を大きくしていった。

《第4話》伊藤ノエ、長崎へ

伊藤ノエは九歳の頃、父・伊藤亀吉の妹マツの養女となり、今宿尋常小学校の途中で、マツの嫁ぎ先大川町（現・福岡県大川市）に引っ越す。一年後、マツの離婚により再び今宿（現・福岡市西区）へ戻る。十歳で周船寺高等小学校へ入り直す。明治三十八年当時の学制は、尋常四年、高等四年で、明治四十年より学制は尋常六年、高等二年と改められる。

ノエの叔母であるキチは、実家の困窮を常に気にかけており、夫・代準介にノエの扶養を願い出ている。代も、長女・千代子（先妻モト子との間の子）が一人娘ゆえに、ほぼ一歳違いのノエを姉妹同様に育てることに同意する。ノエは再び今宿を後にする。この頃、父・亀吉は家を捨て、懇ろの女性と行く方をくらましていた。

口減らしのたらい回し、哀しいかな子供は生れ落ちる家を選べない。親を選べない、いくら子に才能があっても、この世は平等ではない。すでにして不平等である。

ノエは長じて述懐している。

「親なら、どんなことがあっても、子供だけは手ばなさない」

その言葉の中に、たらい回しにされた者でないと分からない、万感の恨みと悲しみがある。幼い頃から、他家での遠慮暮らしの中で、心に甲冑を纏い、自らを防御してきたことと想像する。

代千代子と伊藤野枝を育てた、代キチ（昭和38年、ＮＨＫインタビューをうける）

明治四十一年、十三歳の春にノエは長崎にやってくる。今宿の田舎から、都会長崎の西山女児高等小学校に転校する。マツの大川町の家での辛抱が、幼心に我慢をすることを身に付けさせ、ひたすらの堪忍で諸々の憂きことを小さな胸に仕舞い込んで生きていたと察する。

子供といえども、隅の無口は大人びていくのが早い。「我」は抑えれば抑えるほど、そのマグマは逆に増大していく。

代家の暮らしがあまりにも今宿の実家とはかけ離れており、代の娘・千代子の乳母日傘の日常を目の当たりにし、世の不条理や、貧富、家族というものを否が応でも考えさせられた。時には自分の境遇を恨み、時には社会というものの不平等や理不尽さを憎んだ。

代の家では、従姉の千代子を優ることはできない。後にキチはまったく平等に姉妹のごとく育てたと言っている。ただ、使用人たちは勝手に自然に序列をつけたかも知れない。

ノエは千代子はさん付けで、自分は呼捨てだったと述べている。キチは、ノエは自分の身内であり、夫への遠慮もあって少しは厳しく当たったかも知れない。そのことは大杉栄とノエの四女伊藤ルイが、『海の歌う日』（講談社）の中に記している。

「祖母（ムメ）の話しによれば、代家の一人娘の千代子は『お千代さん』と両親からさえ呼ばれるのに、ノエは呼び捨てであったというから、八ヵ月ほどであったにしても辛いことが多かったことであろう」と。

さはさりながら、キチはノエと血のつながった叔母であり、瀬戸内晴美（現・寂聴）の『美は乱調にあり』（新潮社）の中に、キチへの取材の項がある。

「ノエのことでござりますか。あの子は長崎にわたしどもがおりました時、家が貧しゅう子だくさんでありましたのでうちへまいりました。気のつよい、きかん気のごついおなごでござりましたが、泣き虫でもありました。（略）わたくしは代の後ぞえにまいりましたので娘の千代子は腹をいためておりません。ノエはわたくしの身内でござりますもの、ノエのつらがること、ある筈のありましょうことか」

と昭和三十九年の取材を記している。この時、キチは八十八歳。我が家にもキチよりそのように伝わっている。

代はこの時代、全九州及び四国を飛びまわり、木材を仕入れ、かつ鉄くずを関西で売りさばき、月のほとんど家を空けていた。帰宅すれば、長崎社交界の者と交流する。とくに、東洋日の出新聞社主の鈴木天眼（一八六七―一九二六、ジャーナリスト、衆議院議員）とは昵懇で、同時に主筆の西郷四郎（一八六〇―一九二二、ジャーナリスト、講道館四天王の一人）とも肝胆を照らし合っている。
鈴木は若き日すでに二六新報の主筆を張り、民族壮士団「天佑侠」を内田良平（玄洋社、後に黒龍会主幹）らと組織し、朝鮮の東学党をバックアップした男である。西郷四郎は富田常雄原作「姿三四郎」のモデルといわれ、背は低いが「山嵐」という背負い投げの変形の豪快な技を持っていた。嘉納治五郎門下、講道館四天王の筆頭である。

代の家には三菱造船や海軍人、言論人、文化人、実業人が出入りし、サロン化していた。天下国家を語る者、世界情勢を語る者、茶禅一味を語る者、室町文化を語る者、ノエは今宿の田舎では見ることのできない、粋人、論客、高等遊民、分限者たちの謦咳、姿を垣間見る。ノエの渇いた田んぼの中に、知識の水が滔々と注ぎ込まれる環境だった。

とくに代は十三歳から貸し本屋を元岡（現・福岡市西区）でやっており、家には膨大な書籍が置いてあった。本好きのノエはこれらの書物を貪るように読み、親元で育てられぬ身の寂しさを慰めていた。

《第5話》準介、キチ、千代子、ノエ

代は明治三十五年（一九〇二）に、鈴木天眼、西郷四郎らと瓊浦《けいほ》游泳協会をつくる。長崎鼠島の浜を游泳地とし、子弟子女たちの体位向上を目指した。会長に西島中将、監事に西郷四郎、自らは総務主事となっている。

「牟田乃落穂」によれば、明治三十九年、代の長女千代子と、色紙警視（長崎警察署長）長女苗子、支邦領事館員の長女蘆桂郷の三少女は、なんと十三歳で一五浬《カイリ》の遠泳に成功し、協会より感状を授けられている。少女たちの快挙を新聞も大きく扱い、これにより人々の水泳熱は亢進し、鼠島は長崎市民の鍛錬の場として、以後賑わう。

　翌明治四十年七月五日、代は妻キチを連れて富士登山を決行する。当時、国民の間に流行っていたのは、「すもうを取ること、水練を達者にすること、富士登山をする」ことであった。日露戦争勝利の後、好景気は続いていた。貿易収支は一億六〇〇〇万円ほどの赤字だが、輸出入額は約八億円に達しており、株界も景気がよく、この年に南満洲鉄道いわゆる満鉄が創設されている。一等国入りしたことで、国民の多くはより欧米人に負けない、体力体位の向上を目指す。それは女性といえども同じであった。

「牟田乃落穂」に依れば、

「富士の山開き、まさに七合五勺目に一軒室明（空）きたるを知り、妻同伴登山せり。途中天候変り風雨烈しく、辛ふじて七合五勺の室に辿り着き、二泊の後、絶頂に達して下山したり」

　代準介四十歳、キチ三十一歳の時である。

　続けざまに代は、夏休み中に娘千代子他、水練達者二少女を連れて東京へ向かう。

「齢十四歳の三女学生を引率して、見学旅行を企て、先ず東京に到れり。報知新聞社より遠泳の交渉を受けれども、不知の海面潮流其の他不案内の為中止し、日光其の他の見学を終り、富士登山する事とし御殿場に到り、午前一時出発、即日午後十一時帰宿せり。

　翌日は有名なる野中到氏夫妻（福岡市出身、新田次郎著『芙蓉の人』で有名）登山事務所等の歓迎會に招かれ、感状等を受けたり、夫《そ》れより各地を経て長崎に帰へれり」

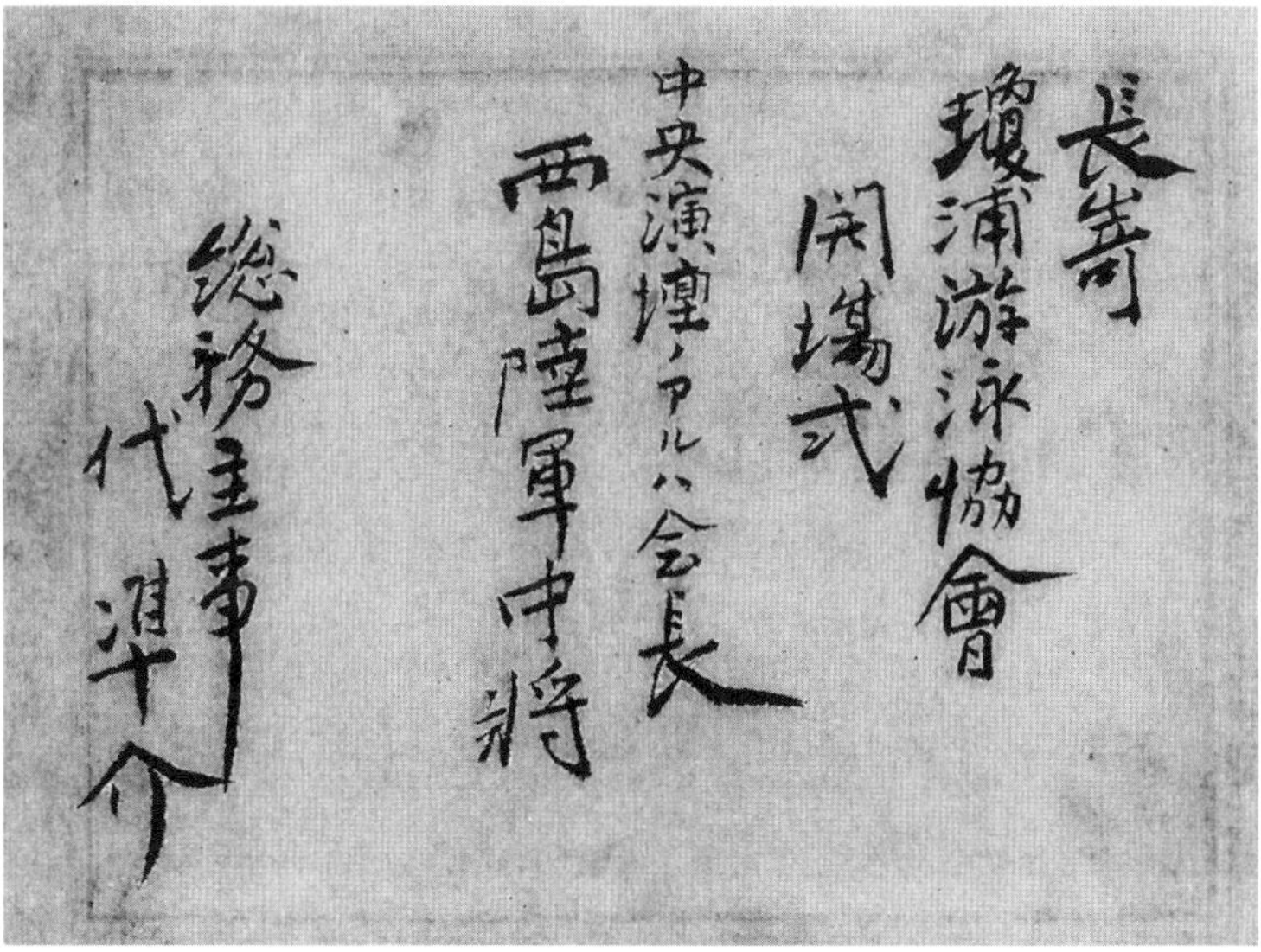

明治35年、長崎鼠（ねずみ）島海水浴場開場式典

当時の装備で、夜中の一時に出て、その日の深夜十一時に下山とは、今でもできることではない。しかも御殿場口からである。少女たちにとって、野中夫妻に褒められた事は、生涯の誇りになったに違いない。現在の五合目まで車で行って登るような、安直な富士登山ではない。

野中夫妻はともに福岡の人。明治二十八年二月、ちょうどノエが生まれた頃に、厳冬の富士の気象観測に到は単身で挑む。夫の身を案じ、妻・千代も後を追う。二人して零下三〇度の山頂で八二日間の観測を行う。酸欠、極寒、高山病、二人共に病に倒れながらの越冬だった。当時、落合直文の「高嶺の雪」という小説で紹介され、日本中の憧れの夫婦像となる。爾来、国民の士気及び体力高揚の行為として、富士登山ブームが訪れたのである。

キチも、よくぞ夫・準介について二泊三日の富士登山をやったものと思う。キチも今宿「萬屋」の没落により、十代半ばで大牟田三井家に奉公に上がっている。いわゆる住込みの女中である。住込みとは二四時間プライベートはなく、もちろん女中部屋であるから、当然女中頭は別室としても、同輩たちとは同室雑魚寝である。大家だけに、相当に厳しい勤めと躾を受けている。

ノエはこの富士登山の翌年に長崎にやってくる。もう一年代家への寄留が早ければ、ノエも長垂の浜（現・福岡市西区）から能古島まで泳げたと伝わっており、一五浬娘の一角となって、富士登山も経験できたものと思う。

キチ曰く、「ノエは、あまり掃除やお裁縫が得手でなく、女子の務めとして、千代子と共に、無理にでもやらせましたよ」

「千代子の真似ばっかり、する子でした。千代子の読む本を読み、千代子と同じ髪型にし、二人とも水練が達者でしたので、よく鼠島に泳ぎにいってましたよ」

「手先の不器用な娘でしたので、女の勤めとしての針仕事は、とくにきつく教えました。聞かぬ気のところがあり、機嫌をほどくのに、苦労をしました。暇さえあれば書庫に篭もっていました」とも言っている。そういった女子の勤めという、叔母の当たり前の老婆心を、ノエは厳しい仕打ちと受け取ったのだろう。

ノエが長崎に来た年齢については、各作家によって諸説あり異なる。井手文子著『自由それは私自身』の中では九歳（尋常小学校二年生の時）と書かれている。この頃は叔母マツの養女となり、大川の榎津尋常小学校へ通っている上に、まだキチは代に嫁いでいない。別に十歳説もある。ノエはマツの離婚で今宿に戻り、周船寺高等小学校に入るも、家計は火の車ですぐに長崎のキチの元に送り、西山高等小学校に転入したという説である。

ノエが十歳ということは、明治三十八年で代の妻モト子が亡くなる年である。この時もまだキチは嫁いでいない。代は一年の喪が明けてからキチを娶っており、キチも嫁ぐ早々に姪の面倒まで見て欲しいとは言い出しづらかったであろう。よって、また一年ほどの後、明治四十一年ノエ十三歳で引き取ったのが正しいと考える。

《第6話》一年弱の長崎

キチは実家の事が心配で、遠い道のりを頻繁に今宿に戻っている。兄・亀吉の生き方が非常に不安定で浮き草のごとくあり、その上に子沢山。義姉ウメの苦労をよく知っていた。キチは陰に日向に経済的援助を惜しまず、海辺の借家の家賃も代が肩代わりしていた。

明治四十一年、ノエは長崎の西山女児高等小学校へ転入する。これにはしっかりとした証拠がある。ノエが虐殺された時の長崎新聞の報道である。

見出しは、「西山女児校にいた伊藤野枝、成績は殆ど甲だった」とある。

「甘粕憲兵大尉の為に殺害された大杉栄の夫人伊藤野枝は其幼少時代長崎市大村町廿一番地に材木商を営むでいた伯父の代準介氏方に寄寓して西山女児高等小学校に通学していた」

当時同校の宇土校長への取材が載っている。

「新聞では伊藤野枝の名前を漢字で書いてあるがあれは片仮名で『ノエ』と書くのが真実である。伊藤野枝が当校に福岡県から転校して来たのは明治四十一年四月九日で其の以前は同県糸島郡園等高等小学校に在学して、高等三年終了後伯父の代準介氏を頼って来崎したのである。然るに家庭上の都合で僅半年余りで再び郷里の福岡県に帰国する事になった」

「同年十一月二十六日に退学した当校在学中の成績は、第一学期の成績だけの外判らないが、其の第一学期の成績は修身、国語、算術、歴史、地理、理科、手工、唱歌、体操の各教科は全部甲で、唯図画、裁縫と行状が乙で学業成績は極めて優秀の方であった。当時の身長は四尺六寸九分、体重十貫十五匁、胸囲二尺二寸七分、背柱は正しくて体格は随分丈分であった」

さらに続けて、

「四月以降十月迄に僅三日間事故欠席したのみで、熱心によく勉強していた。容貌はどちらかと云えば好くない方であったが、非常に文才のあった事は未だに記憶している」(「長崎新聞」一九二三年十月六日四面)

まず宇土校長の言っていることに間違いは無いだろう。きちんとノエの学籍簿を前にしてインタビューを受けているのが分かる。糸島で高等三年を修了して、長崎で高等四年に入っている。つまりまだ四－四制の頃である。

キチ曰く、「本を読むのが大好きで、掃除とか裁縫とか、女らしいことは好きではありませんようにございました。女のつとめだからと申して、むりにやらせるようにしたものでございます」

「来た初めは、千代子と張り合ってムキに自分を主張しようとしていましたが、躾のことで喧しくいうと、すぐふくれて泣くのです。声は出しませんが」

本をよく読むせいか、成績は見事である。キチの言う通り、裁縫が乙、反発心が強いのか、行状も乙。この家では最も大事にされるのは千代子、ノエ自身は今宿の家とは違って中心にはなれない。それは何のせいなのか。自分が悪いわけではない。貧しさか、ノエはこの代の家で新聞を、雑誌を、ほか多くの本を読み下し、世の中、社会、お金というものを考えた。今は居候の身にて、従順にしておかなければならない。我慢と辛抱と没自我だが、唯一自我の発露は成績だった。自分の立つ瀬は勉強しかない。先ず勉強で千代子に優ること。千代子は何でも教えてくれる一級上のお姉さんで、準介に似て気立ては温厚温雅。ノエに自分の物はすべて貸し与え、ノエが真似するほどの模範の姉だったが、ノエの心の中に生まれついて何の苦労もしてない者への嫉妬が、その底の方で憎しみにもなっていた。

ノエの述懐が残っている。

「小さいうちから、いろいろな人の手にうつされて、違った風習と各々の人の異なった方針に教育された私は、いろいろなことから自我の強い子でした。そして無意識ながらも習俗に対する反抗の念は十一、十二歳くらいから芽ぐんでいたのでございます。

私は生まれた家にも両親にも兄妹にも親しむことのできない妙に偏った感情をもっているのです」

十三歳で長崎に来たのだが、境遇への反発、自尊心と劣等感の裏返しは、来る二年前から心に陰をすでに落としている。優秀な子に多い、落ち込みやすい轍であり、隘路である。

その眼前の敵として、なんの人生の苦労も知らぬ千代子を面従腹背で当面の敵とした。

千代子はそこまでの成績を残しておらず、代準介は境遇の悪さから賢しらになっている小娘ノエの根性を気に入っていた。自分も十三歳から商売をし、生き抜いてきた男だからである。ノエの余儀のない捻じ曲がりは、もちろんノエのエネルギーとなっていく。

《第7話》代、頭山満に会う

明治四十年（一九〇七）、代準介は長い年月心に温めていたことを実行する。日清、日露に勝利し、大勲位に伊藤博文、山縣有朋、大山巌、東郷平八郎、内閣総理大臣侯爵に西園寺公望という時代である。内閣はほぼ陸海軍出身が占めている。軍が力を持つことで、国民への思想の締め付けは強くなり、明治三十九年に出来た日本社会党も、一年足らずで結社禁止となり、一月に幸徳秋水らが発行した日刊平民新聞も七〇号余で、四月には廃刊させられている。欧米、ロシアからの情報が入るにつれ、日本の権力階級は平民たちの目覚めを恐れた。同時に日韓新協約（一九一〇、韓国併合条約）も成立し、外交内政すべて伊藤博文の監督下となり、これで韓国はほぼ日本の従属国となった。

代の実行とは、一族の英傑、玄洋社の頭山満（一八五五―一九四四）に会いに行くことである。幼き日より、霊峰富士の高嶺を仰ぎ見るように、代は頭山に畏敬畏怖、憧れを抱いていた。

頭山は、明治から昭和初期にかけて活躍した玄洋社の総帥である。西郷隆盛の生き方を崇拝しており、身は質素に、功名を求めず、道理に叶うを第一義とし、腹に一物を持たぬ国士である。己を捨て、世のため人のために尽くすというのなら、その人物が右であろうが左であろうが賞賛し、援助を惜しみない漢《おとこ》である。よく右翼の大物とか、愛国主義者といわれるが、否である。あえて例えるならば、「愛人主義者」、右も左も超越している人といっていい。西郷の死後は板垣退助を師と仰ぎ、言論、演説を鍛えていく。

明治二十年（一八八七）、三十三歳のときに「福陵新報」（西日本新聞の前身の一つ）を興す。主筆に時事新報より川村惇（一八六一―一九三〇、ジャーナリスト、衆議院議員）を招聘し、天下国家、政治に対して物申していく。この時、代はまだ二十歳の若者、糸島、太郎丸村（現・福岡市西区）一帯の収入役に当選した頃である。頭山や川村の意を含んだ論調、是々非々の筆鋒を精読し、大いに啓発されていた。

「牟田乃落穂」によれば、

「予、幼時は（頭山と）時々出会いたることある由なるも、物心つきて未だ先生に拝謁したる事なし。先輩より縷々同行を促されるも、何か一人前の者になりし上とし、発奮の原動とも為し居たり」

と記している。

一族とはいえ、いっぱしの男に成ってから会いに行きたいという、矜持が見える。頭山のようにありたい、あらむを人生の指針として、業に邁進し男を磨いた。

代は長崎で成功した今、四十歳にして頭山に会う決心をする。上京の前に、福岡市西新（現・商業ビルプラリバの場所）に居を構える頭山の兄、筒井亀来を訪ね、頭山への紹介を請うている。

自叙伝にこうある。

頭山満と妻・峰尾（左下に頭山の自署あり）

「座談数刻に及び、宗家が紋所まちまちにて何れが昔のものなりやと、此の時老公（亀来）一個の兜の前達（前立、兜前部の飾り）を取出され、之本来吾家の紋所なり。然し今は故あって変れり、吾家に不用なれば與ふべしと。依って是を戴きたり。

而して曰く、舎弟頭山も幼時より熟知の前達なれば是に名刺を副えて差出さるべしと、左すれば御先祖の紹介なり。

着京直ちに霊南坂頭山邸に伺候し、取次ぎに差出し面接したり。果して御先祖の紹介なりと先生（頭山）も亦申され足り。

此の取次ぎは宮崎滔天氏なりし」

頭山邸は当時赤坂区霊南坂の高台にあった。今のアメリカ大使館やホテルオークラのある界隈である。取次ぎは頭山の右腕、鬚の宮崎滔天（一八七一―一九二二、革命家、浪曲師）である。滔天三十七歳の頃、代より

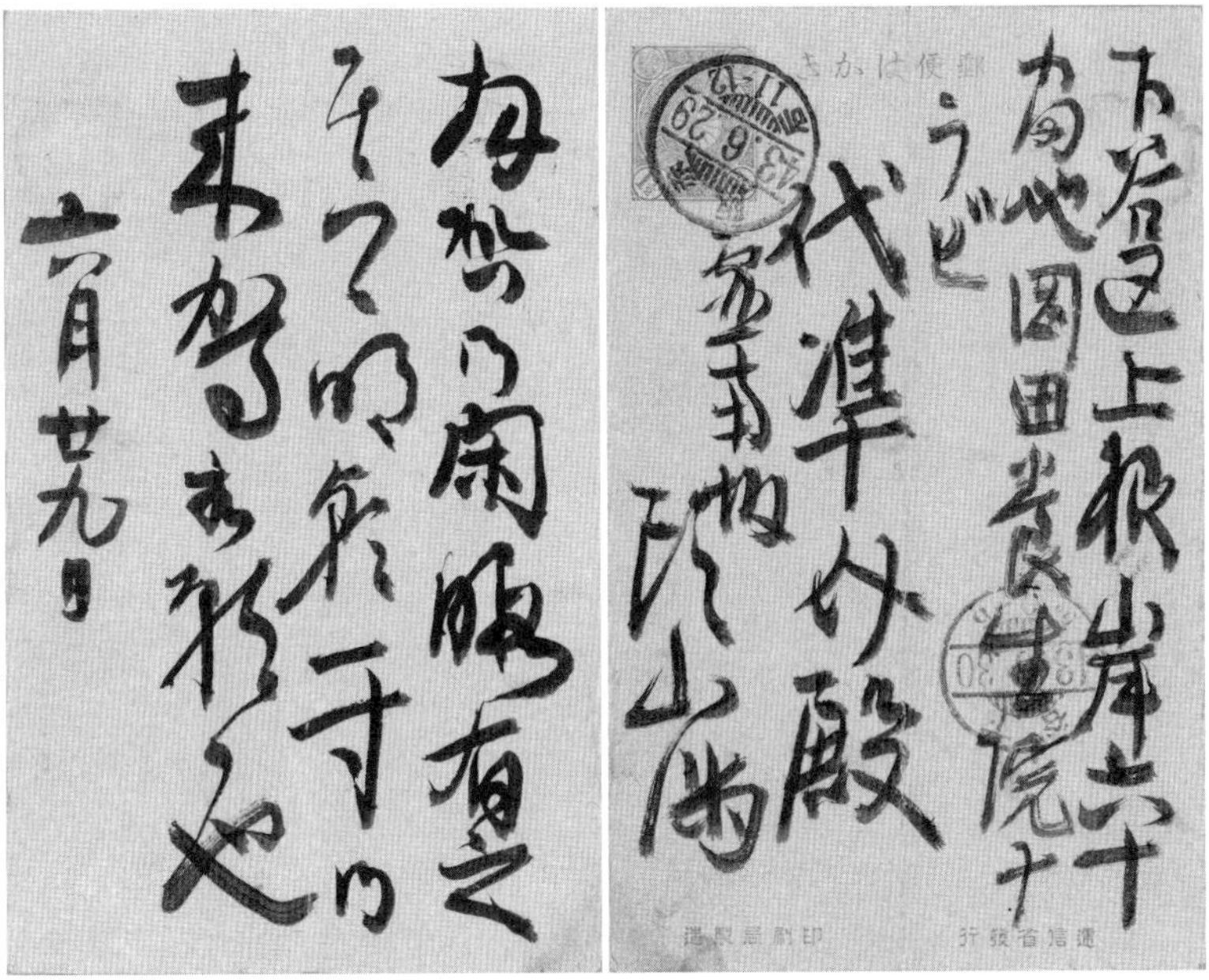

明治43年、頭山満より代準介へのハガキ

三歳下である。兜の前立と老公（筒井亀来、頭山の長兄）の名刺を差し出し、面接に至る。頭山は先祖の紹介と、代を歓迎する。

宮崎滔天は熊本の人で、頭山や、頭山の盟友犬養毅の膝下で、中国革命の孫文、また朝鮮開化党の金玉均らと交流、資金を募り、その亡命を助け、革命のための援助を行ってきた。後に孫文も、この頭山邸の隣家に亡命していたことがある。

代はこの席で、幼き日の思い出を語り、今は三菱造船所御用達として、木材の納入を主な商いとし、日本各地に良材を求め奔走している近況を伝えた。ロシアに勝利し、一等国に押されても、現実はポーツマス条約（一九〇五、米国ポーツマスで、ロシアウエッテ対日本小村寿太郎の会談による日露戦後交渉）の堪忍と辛抱。陸に砲台、海に軍艦があろうとも、本当の備えは、国民の実業の力こそと、頭山から薫陶を受ける。

代はほかに育英を志しており、多くの不遇なるも有為の子弟の、高等学校、薬学校、商業校、工業校、女学校など、学費を多数に援助していることも伝えている。

代は頭山のアジア主義に共感する。その為の実践をする、宮崎の行動力にも共鳴する。銭や骨董品、茶会だけの生き方を恥じる。頭山や宮崎の謦咳に触れることで、彼らのそばに居て、自分の能力で出来る手助けをしたいと東京に出ることを考える。

《第8話》鈴木天眼を当選させる

代準介は頭山満と再会してより、長崎から頻繁に上京する。

とくに長崎で昵懇の、東洋日の出新聞社・社主鈴木天眼（一八六七―一九二六、ジャーナリスト、衆議院議員）の器量、論調の素晴らしさを頭山に伝える。

「牟田乃落穂」によれば、

「明治四十一年、予、上京、頭山先生に伺候の時、談、天眼子に及び、一度代議士たらしめては如何とのお話を承りたれば、帰県して直ちに天眼子に諜り、其の年、立候補なさしむ」とある。

衆院選である。当然、政友会から立つ。頭山の肝煎りであり、宮崎滔天も応援に入っている。彼は別名、「桃中軒牛右衛門」の芸名を持つ浪曲師でもあり、さぞハリのある声で、浪花節の調子に乗せて天眼を推薦推輓した事であろう。

また代はこうも記している。

「予、選挙事務長となり、社員三、四十名、草鞋がけにて運動に従事せしめ、理想選挙を行い、遂に七対三の数を以って当選せり。

この費用わずか百四十円（現在の価格で約二一〇万円）にて足れり。

当時、神戸の桜井一久氏、六百円（現在価格約九〇〇万円）の費用にて当選せりと美談として喧々たり、依って吾はそれ以上なれば其の公表を供せしに、天眼曰く、余は一萬円を投じて当選したる風を為して東上せんと」

代商店の社員を駆使し、金の掛からぬ選挙を誇っている。

天眼の東上に代も同行する。もちろん一番に霊南坂の頭山の元に挨拶に上がる。天眼は頭山の指示の下、宮崎と共に孫文の中国革命支援にまわる事となる。

さらに「牟田乃落穂」にはこう書かれている。

「然して、予も共に上京したり、天眼氏が議政壇上に於ける獅子吼えは実に堂々たるものなりし。一度壇上に立てば、政府側残らず着席す。（中略）桂太郎（一八四八―一九一三、陸軍大将、内閣総理大臣）総理をニコポン、また寺内正毅（一八五二―一九一九、元帥陸軍大将、内閣総理大臣）をビリケンと号する」

代は天眼の秘書役の如く行動を共にする。毎日、佐々木昭山（「西域探検日誌」を著した政治家）や、小泉三申（本名策太郎、新聞社社長、政治家）らと会合を持ち、議論を重ねる。三氏を比べれば、やはり天眼氏が一枚上位と述べている。天眼が天下に叶わぬ男は二人あり、一人は頭山満、学者としては江木衷（官僚、法学者）なりと月旦している。

もう一人、長崎日の出新聞の主筆西郷四郎（姿三四郎のモデル、会津出身）にも触れている。

「四郎氏豪放なる資性にて、身は五尺の短躯なりし、(中略)四郎氏は講道館最初の五段にして、未だ柔道を認めず、古来柔術の行はれたる頃、決死の大試合を為し、鬼と云はれたる大男の相手照島(警視庁)を倒したるは斯道普く知らる。而して嘉納館長の後継者として目せられしが、金銭浪費の廉を以って、嘉納氏と離れて長崎に来り。鈴木天眼氏と共に新聞社を創立す」

西郷四郎は警視庁の鬼の照島を投げ飛ばし、勇名を博し、日本講道館を天下に認めさせた男である。代と西郷と、宮崎で天眼を代議士にならしめたのだが、富田常雄の小説や、黒澤明監督の映画(姿三四郎を藤田進が演じている)と違って、西郷の人生も甚だ興味深い。

翌明治四十一年暮れ、急遽、代は東京へ転居する。

代キチが義母(筆者の妻の母、川崎(代)嘉代子)に残した話では、長崎の店は番頭さんに任せて、急に東京に出るという。すでに上京の段取りはついており、千代子を上野高女に入れる。ノエは今宿に戻す。家はすでに上野に借りてきたとの事で、何の相談も無かったと聞く。

「とにかく頭山先生と玄洋社の加勢をしたかったようで、女の私にはよく分からない」

とキチは言っていた。

日本は満洲(現・中国東北部)の経営で好景気に入っていた。三菱造船の仕事は支配人に任せ、東京ではセルロイド加工の会社を興す。この分野では、日本でも相当に早い起業であり、玄洋社の金庫番杉山茂丸(一八六四—一九三五、頭山満の右腕、明治大正の総理たちの参謀、夢野久作の父)あたりのアドバイスがあったものと思われる。代は杉山とは昵懇で、何かの相談のときは杉山が入浴中でも湯殿までいって陳情していたと、自叙伝に書いている。

住居は下谷区下根岸(現・台東区根岸四、五丁目)、以前、戸田子爵(信州松本藩主の家、康泰、康保時代、目白

に越す）が居住の家を月三〇円（現在価格四五万円）で借り受けた。その家の敷地は広く、前庭、中庭、後庭とあり、母屋は二階建てで、離れの一階の土間と板張りでセルロイド加工を始める。すぐに職人を七人ほど雇い入れる。後庭の奥に物置があり、それを借りるためにわざわざ五円の値上げを家主に申し込んでいる。家主側はただでよいと言ったのだが、羽振りのいい時期である。

千代子は二年の三学期に編入し、三年では級長に推される。上野高女は下町の町娘の多い学校で、英語力等は土地柄もあり、長崎の方がレベルが高かったかもしれない。

ノエは周船寺高等小学校に入り直し、翌三月に卒業。成績のよいノエのことだから、進学の希望と意思は強かっただろうが、家の経済状況はそれを許さず、家からそう遠くない谷郵便局（今宿）の事務員に就職する。当時、田舎では高等小学校さえ出ていれば学歴としては十分な時代だった。

第二章

育英の男

《第9話》「東の渚」

当時の上野根岸は文人墨客、遊人の多く棲んだ所である。正岡子規（俳人、歌人）、陸羯南（新聞「日本」主筆・社長）、河東碧梧桐（俳人）らが居を構えていた。また、「根岸派」というグループには、饗庭篁村（小説家、演劇評論家）、幸田露伴（小説家）等がおり、竹林と鶯で有名なこの地で風流な遊びと会合を催していた。代はこの上野の山陰の落ち着いた家並みが気に入った。桜木町あたりに下れば、下町のいろいろなお店が軒を並べ、江戸の庶民の息使いと活気が伝わった。

隣に高名な小説家が住んでいた。「牟田乃落穂」にはこう書かれている。

「夕刻、縁先にて食事をなすに、何時も赤毛の小犬来たりて馴れ親しみければ、紙片にこの犬はどちらの犬ですか、名は何と申しますかと書いて首輪に結びつけたり」

犬は戻って、また現れた。首に新たな紙片を付けている。

「村上の犬です。御贔屓に願います」

とある。

村上とは、村上浪六（一八六五年―一九四四年）のことである。当時、一世を風靡していた大衆小説家である。任侠・義侠の歴史小説で、『当世五人男』『呂宋助左衛門』『元禄四十七士』などが代表作である。

村上は、代が物置を借りるにわざわざ家主に五円の値上げを言い出し、家主がタダでいいと断ると、家賃の値上げを受けぬならこの家を出て行く、と言った噂話を聞いていた。「九州上がりの変物なり」と好感を持っていた。犬を介してとはいえ、代と村上は急速に昵懇の仲となっていく。

代はこうも記す。

「毎日夕刻、書生六、七人集まり、先生も交じりて角力を為すこと、垣間透視せり。予、すきの道にて黙視する能はず。一同（職人七人）に向ひ、午後休暇を與ふ。さり乍ら、夕刻隣に角力あれば予と共に立會に押しかくべしと。而して其時の至るを待ち境界の生垣を左右より引分け一人宛潜り入り、初対面の挨拶を為し挑戦す。最後に予と先生と引組たり」

代と村上、どちらに軍配が上がったかは書かれてない。代の職人軍団対、村上の書生軍団の交流相撲は毎日のように行われた。

ノエが郵便局業務にも慣れ始めた頃、千代子の夏休みに、代一家は上野界隈の名物を多く携え今宿に帰省した。花の東京の話も土産の一つだった。この頃の東京は人口二〇〇万人を越え、男の美風であるバンカラも、ハイカラに取って変わられようとしていた。根岸界隈の風情、上野広小路、浅草公園六区（演劇他の興行地）、銀座（当時はまだ四丁目まで）など、東京の魅力、活気、流行、おしゃれ、人物の凄さ、お店や町並みのあでやかさを伝えた。

ノエは従姉の千代子から上野女学校の学風等を聞く。三年に上がるなり千代子は級長を拝命していた。それに比べて自分は田舎の郵便局の事務員である。代の長崎の家とは違い、読む本さえない。ノエにとって、一つ違いの千代子がずっと心のライバルである。

この頃の思いであろうか、後に「青鞜」に発表したノエの詩がある。郵便局の勤め帰りに、今津湾（現・福岡市西区）をひとり悄然と見つめながら書いていたのであろう。

題は「東の渚」という（「青鞜」第二巻第十一号。一九一二年発行）。

「東の磯の離れ岩、
その褐色の岩の背に、
今日もとまったケエツブロウよ、
何故にお前はそのように
かなしい声してお泣きやる。
（中略）
ねえケエツブロウや、
いっその事に
死んでおしまい！
その岩の上で――
お前が死ねば私も死ぬよ。
どうせ死ぬなら
ケエツブロウよ、
かなしお前とあの渦巻へ――」

どんどん従姉の千代子に遅れていく。こんな海辺の田舎で終わってしまうのか。母ウメのような一生は嫌だ。どうしてこんな境遇に生れ落ちたのか、このままで終わる一生なら生きていても意味は無い、ケエツブロウよ一緒に死のうと詠っている。ケエツブロウとは自分のことである。自らを群れから離れた一羽の海鳥に仮託している。ケエツブロウとは、カンムリ・カイツブリのことであろう。群れを成さず、一羽でいることが多い。

夕刻の今津湾を見つめながら、能力のある子が自分の能力を活かしきれないことに地団太を踏んでいる。私（ノエ）も千代子と同じく東京で級長を張るくらいの力はある。東京へ行きたい、長崎や博多より何十倍も都会の東京で自分を試してみたい。この村で終わりたくない。自尊心と、功名心と、千代子へのライバル心がノエを動かし始める。

ノエは叔父・代準介に、上野高女に行きたしの哀願の手紙を出し始める。

《第10話》伸びる木

ノエは代一家が東京に戻ると暗い日々を送っていた。自分の将来、行く末に光明が見出せなかったからである。福岡にも九州高女が出来たが、高女に行くお金が家にないことは分っていた。こんな家に生まれるくらいなら、生れ落ちない方がよいと、母親を少し恨んでいた節がある。ノエは意を決し、得意の文章という手段、つまり手紙をもって自分の向上心、向学心、孝行心を叔父に伝える。男のような達筆の字をもって、東京根岸宛に手紙を送る。叔母キチ曰く、「分厚い手紙は、三日と空けずに送られてきましたよ」

この手紙群は今は残っていない。

筆者の義母（旧姓代嘉代子、代準介の孫）が生前私に話してくれた記憶では、次のような内容の文だったという。

「私（ノエ）は、叔父叔母を実の父、実の母と思っています。千代子姉も実の姉と思っています。私はもっと自分を試してみたいのです。もっともっと勉強をしてみたいのです。できれば学問で身を立てたいとも思っています。一生を今宿の田舎で終わるかもしれませんが、その前にせめて東京をしっかりこの目で見てみたいと思っています。大きくなったら、必ず孝行をさせて頂きますので、どうぞ私を上野高女にやってください。ご恩は必ずお返し致しますので」

代はますます村上浪六と親交を深め、霊南坂の頭山満を紹介したりもしている。手紙が今宿の郵便局から陸続とやってきている最中、明治四十二年十月、伊藤博文がハルピン駅のプラットホームで狙撃され絶命する。犯人は安重根（一八七九—一九一〇、朝鮮独立運動家）である。伊藤公を暗殺した理由を一五箇条上げているが、いま読み直せば一理はある。安は翌年旅順の裁判所で死刑が宣告され、三月二十六日に執行されている。遺言として「あくまで東洋平和に御尽力ありたし」と申し残し、従容として死についている。単なるテロ犯というよりは国士といってよい漢《おとこ》である。

代の家の右隣は村上の家だが、左隣は五代藍子が移り住んでいた。

「牟田乃落穂」によれば、

「鹿児島維新大立物、西郷、大久保と並び称されたる五代友厚氏の遺児藍子氏は、下田歌子（学習院女学部長、歌人、昭憲皇太后女官）氏の許に人となり、二十歳の頃朝鮮に渡り外国人と携えて専ら鉱山を探りたるに、伊藤（博文）統監より突如退韓命令を受け東京下根岸へ移住す。予、隣家の事とて懇意となれり、此婦人は生涯独身にて全く男性と変れる奇人にして女丈夫なり」とある。

五代女史は大きな白い犬を二匹飼っていた。後に女鉱山師として名を馳せている。伊藤博文が彼女に退韓命令を出したのは、当時相当に日本へ対する朝鮮の風当たりが強くなっており、その状況を察知して彼女を

明治44年、夏。右が伊藤野枝、中が代千代子、左が友池はま（皆、いとこ同士）。（東京、上野根岸の代準介宅にて。竹垣の向こうは作家村上浪六邸）

東京へ帰らせたのであろう。

代は右の村上と、左の五代にノエの手紙を見せて相談している。とても十四歳の小娘の文面ではない。哀願の中に矜持のある男文の達筆である。

代の家には当時、職人を八人置いていた。

すべてが職人で終わる若者たちではない。将来に大きな夢を抱いた若者たちで、九州から連れてきた者が多かった。根岸で働かせながら、学費を稼がせていた。代の趣味というか生き甲斐は、自らも十三歳から一人で稼いでおり、実は経済的に許される家庭であればもっと学問をしたかった。故に学問に希望を持つ若者たちの肝煎りに成らんとしていた。村上は、文章もしっかりしており、やっておやんなさいと奨める。女丈夫氏（五代藍子）は雄々しい筆跡を気に入り、見どころがあると肯く。

キチはノエの気性の強さ、利かぬ気を知っており諸手を挙げないが、準介はいう。

「伸びる木を根元から伐れるもんか」

代準介の侠気《おとこぎ》で、ノエの上京は決まる。この頃、代はますます浪六邸に入り浸り、多くの文人や相場師、いろいろな階級の人物等と交わっている。中に「石坊主」くんと綽名される人物がおり、「牟田乃落穂」に記されている。

「石坊主君は伊勢桑名の真言宗の僧なり、還俗して相場師となり、蛎殻町の名物男にて五十人の大学生を育つるを念願とし、すでに二十人を出せり。宅は谷中（現・東京都台東区）に在り独身生活をなし、毎朝築地本願寺へ参りて蛎殻町（現・東京都中央区日本橋）へ出掛け、市場にて知らぬものなき利け者なりき」

明治末期は成功者の美風として、苦学生を養い、その希望する世界へ打ち出してやることが誇りであり名誉であり、流行していたようだ。その時代の淳風美俗にノエは上手に乗ったと言ってよい。

代がセルロイド加工業を軌道に乗せた頃、上野公園において、「発明品博覧会」が開催される事となり、代も出品することとなった。

自叙伝によると、

「開会前総会の席、出品人員に紛争起り、其の解決容易ならず、本省の憂慮一方ならず。予、席上解決案を提出したるに衆皆之を容るる処となり。而して予を委員長とし、他の四名の委員は予の指名する処となりたれば、両派より二名宛、即ち三井、芝浦、玉寶堂、味の素鈴木、外一名を撰みて順調に進展して無事会期終了したり」

とある。十代半ばから、村々の紛争を解決し、二十歳で収入役に当選してきた経験がものをいったのだろう。この頃、代四十一歳、脂の乗りきっている時代である。

《第11話》ノエ、上野高女に入る

伊藤ノエは明治四十二年の暮れに上京する。

ノエは今宿（現・福岡市西区）の田舎で終わりたくないという気持ちもさりながら、従姉の千代子にも負けたくないという気持ちの方が大きかった。自分の境遇と違って、力のある親元でぬくぬくと育っている、それだけで許せなかった。今は叔父の力を借りるが今にみておれ、今に力をつけて偉くなってやる。貧しさは嫉妬を生み、嫉妬はノエのエネルギーとなった。

叔父の代準介はノエをしばらく東京に慣れさせ、翌春、上野高等女学校の三年生に入れるつもりだった。ノエは、経済的負担を掛けたくない、少しでも早く卒業したいと、飛び級して四年生に入りたいと言う。代家は経済的に逼迫などはなく、どちらかといえば裕福で、そんな気遣いはいらぬ所帯である。ノエは学資の負担を建前とし、従姉千代子と同じ四年生に拘り、その意思を曲げなかった。ノエの心の中に、千代子への敵愾心が燃えていた。千代子と同じ学年に入り、千代子を負かしたいと考えていた。生れ落ちて以来、ずっと屈辱の日々の中で、千代子に優ることだけが彼女の唯一の生きがいであり、意地と成っていた。

ノエの高等小学校の成績は確かにほとんど甲である。勉強には自信がある。されども女学校と違い、高等小学校教育には英語が無い。数学も、算術である。ノエは加減乗除しか知らない。編入試験まで二ヵ月強、千代子の一―三年の教科書を借り、英語と数学は千代子を教師として学ぶ。まずアルファベットを覚える。初歩の英文法を習い、単語と常用の熟語を覚えていく。数学は因数分解から入り、定理を習い、代数を解いていく。キチの記憶によれば、「二日徹夜をし、三日目に少し眠る」。そんな猛勉強を続け、千代子もそれに付き合っている。

上野高女は上野の新坂、鶯坂ともいわれるが、この新坂を登った高台にあった。正岡子規の句に「新坂や向ふに見ゆる花の雲」とある。眼下に青森線が走っており、当時の上野桜木町にあった。現在は上野学園となり、移転して東上野四丁目にある。大学は音楽教育に力を入れており、ピアノ奏者辻井伸行（バン・クライバーン国際ピアノコンクール優勝者）他を輩出している。

翌明治四十三年三月、ノエは四年次編入試験に一番で合格する。一年の飛び級である。ノエの意地と頑張りと集中力に、代は女にしておくのは惜しいと感嘆する。この学校は明治三十六年に創立、学風は「自由教育」である。

校是は、

一、相愛共謙姉弟友朋一家和楽の風をなすこと。
一、教育は自治を方針とし各自責任を以って行動せしむること。
一、つとめて労作の風を喚起し応用躾行せしむること。
一、華を去って実に就き虚栄空名を離れて実学を積ましむること。

明治のこの時代に、「自治」と「各自責任」、「実学」を掲げているのが、男子校ならば理解もいくが、女子校としては相当に進歩的考えの高女といえる。男社会に都合のよい、古風なだけの「良妻賢母」を育てようというのではない。全国に多くできた裁縫学校とは方針が違った。英会話教師に、バーナード・リーチの最初の妻ミュリエル・リーチを迎えているくらい開明的な学風である。三〇人学級体制であるが、卒業式の写真を見ると二七名と成っている。上野界隈の下町の娘が多く、家の都合で何名かは辞めていったのだろう。

四年の級長も千代子となるが、五年の級長はノエが奪っている。

代の自叙伝「牟田乃落穂」にこう書かれている。

「長女千代子当時女学校（長崎）二年にて、上野高等女学校に転校したり、固より都会の風物も異なり、言語すら慣れざるに三年生の級長に挙げらる。続いて四年生も級長となり居たり。この時野枝も同校四年に編入せらる。野枝二年年若なりしも、学業は優秀にして、姉分たる千代子に随わず。千代子、五年生となり級長を退きたり。これは野枝、反対の行動を執りたるに起因せるなり」

文中、二年年若とあるが、千代子明治二十六年生まれ、ノエ同二十八年生まれで、一見二年に思われるが、ノエは一月生まれの早生まれで、学制では一学年違いとなる。幼き日より、ノエは千代子の真似ばかりをして育つ。千代子のしたことは、必ず自分もできるとやってみせる。級長もまた同じ負けん気から出ている。

ノエは代家に大恩あれど、学問においては千代子なにするものぞと励んでいる。居候が肩肘張るには成績しかないと、日夜の勉強に努めている。言動や行動においても、千代子を立てる性格ではなかった。級長を奪い、千代子の鼻を明かす、自己顕示欲の強い娘だった。ノエは根岸の家から近い上野帝国図書館（台東区上野公園、明治三十九年竣工）に毎日のように通い、濫読をした。日本最大の洒落た図書館で、当時、煉瓦造りに改築されたばかり。カーテンは白く、窓からは上野公園の緑がふんだんに見える。地下にはレストランもあった。

《第12話》辻潤と出会う

ノエが四年生に編入した明治四十三年（一九一〇）に、「大逆事件」（幸徳秋水らが明治天皇暗殺計画を企てたという事件）が起こる。後々、ノエと関係する大杉栄の師匠に当たる幸徳秋水（一八七一―一九一一、萬朝報記者、社会主義者）が首謀者に問われる。当時の新聞論調は、「二六名の畏れ多い大陰謀」と書きたて、新罪名大逆罪で拘引される。ロシアで革命の予兆が頻発しており、国は日本への影響を憂慮し、社会主義者、無政府主義者等を一網打尽にしようと考えた。二六名中二四名は死刑判決となり、内一二名は恩赦となった。翌年、死刑は執行される。一二名の中に女性が一人いた。荒畑寒村（一八八七―一九八一、社会主義者、労働運動家、衆議院議員）の妻で管野スガ、寒村が「赤旗事件」（一九〇八年、社会主義者弾圧事件）で大杉栄（一八八五―一九二三、作家、社会運動家、アナキスト）らと入獄中に、幸徳と関係する。このことで幸徳と荒畑の仲は割れる。社会主義者、アナキストたちの頽廃性が露見し、世の支持を失いだす。韓国併合もあり、国は異端者たちの粛清に乗り出す。因みに、堺利彦（一八七一―一九三三、思想家、社会主義者、近藤真柄の父）、荒畑寒村、大杉栄らは明治四十一年のこの事件で逮捕されており、逆に難を逃れた。もし逮捕されていなければ、彼らも幸徳と同様の目にあったと思う。

ノエはこの時代の空気の中を登校する。

代はノエの根性を好もしく思っており、隣家の作家村上浪六に紹介する。村上も上京を薦めた張本人として目に掛ける。また逆鱗りの五代藍子（五代友厚の娘）にも紹介する。五代の家には藍子女史と同様の傑女「お梅さん」という女中さんがおり、家族ぐるみのお付き合いをしている。代は霊南坂の頭山邸にも、千代子はもちろんノエも娘同様に同道し紹介している。

翌明治四十四年春、上野高女にひとりの英語教師が新任する。辻潤（一八八四―一九四四、翻訳家、思想家、ダダイスト、辻一《まこと》の父）、二十七歳である。教頭の佐藤政次郎が発行している「実験教育指針」という月刊誌に、辻は翻訳や創作を発表していた。その縁での就職であろう。辻は家の経済的理由から開成中学を二年で中退し、英語は十代の半ばよりほぼ独学である。幼き日より尺八に慣れ親しんでおり、音楽性も豊か。若くて独身の英語教師で、かつ文学青年となれば、女生徒たちの憧れの的となることは理の当然だった。ノエは高等小学校卒ゆえに、人より二年遅れた英語力を、辻の力を借りて一気に取り戻そうとする。逆に辻は、学園新聞「謙愛タイムス」のノエの記事やエッセーを読み、その文才に瞠目する。辻はノエに特段目を掛けるようになり、時流の小説や欧米の翻訳物も推薦し指南していく。新聞編集部員は六人ほどおり、当時の写真を見ると、中央にノエが陣取り、従姉の千代子は左端に写っている。

千代子はお嬢様育ちでどこかおっとりとしており、ノエに級長を奪われたことを意に介していない。根岸

明治45年、上野高女「謙愛タイムス新聞部」編集員。前列、右から2人目、伊藤野枝。左はし、代千代子。

の家の二階の八畳に千代子、隣の六畳にノエ。襖一枚で仕切られており、境いの欄間から漏れる灯りは両人とも深夜まで及んだと聞く。千代子は色白で、目は細長い糸目、頬は下ぶくれの大和なでしこ顔。ノエは逆に浅黒いが、目はくっきりとした二重で、黒目がちのはっきりとした顔である。負けん気の気性が眼光にほとばしっている。

辻潤の「ふもれすく」によれば——

「野枝さんは学生としては模範的じゃなかった。成績も中位で学校で教えることなぞは全体頭から軽蔑しているらしかった。それで女の先生達からは一般に評判がわるく、生徒間にもあまり人気がなかったようだ。（中略）

N君（国語教師・西原和明）と僕とは、しかし彼女の天才的方面を認めてひそかに感服していたものだった。もし僕が野枝さんに惚れたとしたら彼女の文学的才能と彼女の野性的な美しさに牽きつけられたからであった」

この時期、ノエの方が積極的に辻に近付いていていた。

当時の風潮としては、高女を卒業することは結婚を意味した。よほど家が裕福で女子大まで行く人は別にして、十七、八歳になれば親がしつらえた先に嫁ぐのが当たり前の時代だった。現在八十歳以上の女性の皆様は往々にそういう境遇の方が多いと思う。相手のお顔を初めて見るのが結婚式の場、というのも決して珍しくはない。おおむね、どこの家も父親が勝手に決めてきたものである。

代は千代子より、ノエの学校での行状を聞いている。千代子、ノエ共に東京の耽美的、社会主義的風潮に晒さず、福岡の地での手堅い嫁ぎ先を探す。千代子には、代が若き日に勤めていた九州鉄道株式会社の社員で今宿青木（現・福岡市西区）出身の柴田勝三郎を。ただし、代家は一人娘であるから、養子縁組とした。ノエの方は父親亀吉と図り、加布里（現・糸島市）の富農・末松鹿吉の息子福太郎にめあわせる。代準介、伊藤亀吉、末松鹿吉ともに幼馴染である。特に末松家には若き日に大きな貸しがあった。

「牟田乃落穂」によれば――

「明治十八年太郎丸村一族六軒、加布里東屋末松家に対し、全財産を担保として貸与の末、弁償の責を負ふべき事件突発し、其の善後策考究二ヵ年に亘る。固より法の制裁脱すること能はず。（中略）十八歳位の青年の予に対し、一族の老人達除外して打語らざりし風なりき。初めて打明話を聞き、同情の念起り、慎重考究の末救助の妙案を得、一族の長老某に告げしに大いに驚き、其実行方を予に一任したれば、夫れより数ヶ月に渉り進行し、全財産完全に復し、少しの損失なく解決したり」

末松家への連帯保証責任の裏書を太郎丸村の代の一族が行っていた。銀行に長期分割支払いを掛け合い、双方、財産を没収されることなく解決しており、末松家も代には大きな信頼を置いていた。故にノエも幼いころより末松家に行き来しており、福太郎も知らない仲ではない。

《第13話》ノエ、仮祝言を行う

ノエも乗り気であり、万事すべて善は急げである。間をおけば魔風恋風、いらざる隙間風が入り込む。早速夏休みに、代一家はノヱを連れ、今宿に帰省する。千代子、ノヱの仮祝言を行うためである。仮祝言というのは、仮契約のことではない。身内親族集いてきちんと式を挙げ、初夜も済ますのである。家父長制度の時代、嫌だとは言えない。

とくにノヱが末松家に嫁ぐことを了承したのは、息子福太郎がアメリカ帰りであり、かつ再び洋行するという事に夢を抱いたからである。ところが仮祝言の夜、新郎からもうアメリカには戻らないとの意思を聞く。ノヱは失望し立腹し、翌日には東京へ戻る。アメリカに行かないのなら、この男と結婚する意味はない。ノヱのわがままが心の中で頭をもたげる。叔母のキチや従姉の千代子に対し、露骨に自棄な態度をとり始める。さすが叔父にそういう態度は取れないが、この時期準介自身、長崎と東京を行ったり来たりしており、月の半分も家にはいなかった。ノヱの拗ねた行為を時折キチから聞いていたが、卒業までには何とか落ち着くだろうと考えていた。

ノヱが帰京してから、末松家は入籍を急ぐ。末松家より代に対し、ノヱはすでに当家の嫁であり、生活費と上野女子高等学校の学費は出させて頂きたいとの申し出がある。代は、ノヱはまだ学生の身分で嫁の役を担うていず、卒業まではこなたで扶養したいと丁寧に遠慮する。末松もまた筋を通そうとする。よって中を取り、学費のみ頂戴することで双方折り合った。

後にノヱは、小説「わがまゝ」(「青鞜」一九一三年十二月号)の中で、主人公登志子(ノヱ自身のこと)の結婚は叔父の謀略で、事業が思わしくいっておらず、学費負担を軽減するための仕業措置だったと書いている。

「登志子は叔父の狡猾な手にかゝつて尊い自己を彼の生活の犠牲に葬りさらうとしてゐた。(中略)生活と云うこと―珠に実生活を豊かにする事の為には悪るがしこい叔父の智慧と敏捷な挙動は最大の利器であった」

非常なる誹謗中傷の文章である。

あれほど、「東京の高女にやってくれ」、「真実の父とも思っている」、「必ず偉くなって、将来孝行をさせて頂く」の手紙を三日とあけずに送った同じ娘とは思えない。

この時期、代は長崎と東京を往復しながら、いっそうの育英に励んでいる。

自叙伝「牟田乃落穂」には、

「苦学生あり、不良少年あり、俳優志望あり、角力志望あり、何れも夫々の方法を処して世話す。仮令ば不良児は指導其道大家留岡幸助（教育家、社会福祉家）氏、又は北海道義人・品川義介（教育家）に託し。

俳優志望者は頭山（満）先生、中野正剛（朝日新聞記者）氏、侯爵小村（寿太郎）氏を煩わし、小山内薫（劇作家、演出家）氏に依る。

角力に就いては、頭山先生に陳情し、雷部屋後援会の、臼井哲夫（衆議院議員）や松下軍治（時事日報社主、衆議院議員）に依る」

とある。

代はまた、明治四十四年十月の日比谷公園松本楼（一九〇三年、小坂梅吉が開いた洋風レストラン）での「日本浪人会」

大正２年、代準介（右）は長崎の怪童「松寄晋」（島原伊福村出身、当時10歳）を雷部屋へ入れる

大会開催のための準備、縁の下の働きをしている。頭山満、三浦観樹陸軍中将、顕本法華宗管長本多日生、衆議員代議士佐々木照山ほか多くの民族自決主義者たちが集まり、隣国支那（中国）の安定を決議している。平民新聞や、大逆事件といった社会主義の台頭もあれば、それを抑えるように国粋主義の風も強く吹き始めていた。

「浪人会」大会が首尾よく終着したあと、代はやっと末松家の要望であるノエの入籍に動く。入籍は明治四十四年十一月二十一日であった。

日清・日露戦を勝利して一等国入りした日本は、この前年に飛行機の初飛行に挑戦している。日本で最初に空を飛んだのは、熊本県人吉出身の日野熊蔵陸軍大尉（一八七八―一九四六）である。明治四十三年に代々木練兵場で動力機による飛行に成功した。彼はグラデー式の飛行機に乗り、地上から一〇メートル上昇、六〇メートルを飛んでいる。同日、その直後に徳川大尉がファルマン式に乗り、地上を六〇〇メートル滑走したが飛ぶには至らなかった。日野はパイロットというだけでなく、エンジンをも組み立てるエンジニアでもあった。代は祝賀会で、人吉には材木の仕入れに頻繁に通っていたことから、日野とは急速に昵懇の仲となっていく。

また代は友綱部屋の角友会（後援会）の創立に村上浪六と尽力している。会長に伯爵板垣退助を戴く。板垣は頭山満の師であり、代は頭山からの紹介で知遇を得ていた。国技館の正面桟敷に、板垣伯と隣り合わせの席を設けて見物している。

自叙伝にこう記されている。

「太刀山が常陸山を一撃の鉄砲にて突き飛す、満場総立ちの熱狂なり。伯（板垣）は伏目勝ちで、無言、落涙し居らるる。

暫くして、予、伯に向かい、閣下さぞお苦しいでせう、吾等平民は喜怒表に露はし、何等憚る處為し。閣下はそれも為らずと。伯曰く、其通々々と当時耳聾にして常に聴器を放さざりき」

ノエは創作の小説とはいえ、「わがまゝ」に非常に紛らわしいことを書いてしまった。「結婚は叔父の謀略で、事業が思わしくいっておらず、学費負担を軽減するための仕業（云々）」と。当時の私立高女の月謝は一円（現一万五〇〇〇円）から三円（現四万五〇〇〇円）くらい。その頃の代の交流、羽振りからいって、授業料惜しさにノエの結婚を無理矢理に決め、仮祝言をし、籍を入れ、末松家から仕送りさせたとは到底考えられない。

《第14話》ノエの「わがまゝ」

明治四十五年（一九一二）、上野高女卒業式前々日に代準介の実父代（三苫）佐七が亡くなり、代は急遽長崎に戻った。代の妻キチと娘の千代子、姪のノエは式後、東京駅から博多に帰省する。博多駅には夫の末松福太郎が出迎えている。すでにノエとは仮祝言も終え、入籍も済ましており、夫婦であるから当然である。

創作「わがまゝ」（「青鞜」一九一三年十二月号）によれば、博多駅について、

「あの男が来てゐる、あの男が──あゝいやだ！いやだ！」

「見もしらぬこの永田（末松福太郎のこと）が私のすべての自由を握るのか──私を──私を──誰が許した。誰が許した。私はこの尊い自身をいともかるはずみにあんな男の前に投げ出したことはない」

「登志子（ノエのこと）はひたいそぎにいそいだ。それでもをとなしい永田はてくてく彼女の後からついて来た。登志子はもうなるべく追い付かれないように懸命になって急いだ」

「皆して自分におしつけた、自分よりずっと低級な夫」

創作とはいえ、永田とは末松福太郎と想定のつくモデル小説となっている。

また二年半前、編入試験に臨み、夜を徹して英語、数学を教えた従姉千代子をも誹謗している。

「まき子（千代子のこと）は登志子より二つ年上の二十歳だ。それでも父に甘やかされてわがまゝに育った彼女は一人前の女として物を考へて見ることなんかまるでなかった。登志子自身にくらべてもずっと幼稚なものにしか思えなかった。登志子にはまき子の考へたりしたりすることが見てゐられないほど焦れったかった。朝夕おなじ室にゐておなじ学校のおなじクラスのおなじ机の前に座ってゐてまき子のやることを一つ残らず見てゐて登志子はこれが自分より二つ年上の従姉と云われる人かと情けない気がした」

と軽蔑している。

同時に叔父・代準介のことは、

「彼女（ノエのこと）はひとりでその叔父の真面目くさった、道学者めいた事を口にするのを見ては心の中で嘲笑つていた。叔父や叔母（キチのこと）の云う事に一としてそれらしい権威を含んだものはなかった」

「今に——自分で自分の生活が出来るやうになれば私は黙つてやしない。私は大きな声で自分がいま黙って侮蔑してゐる

伊藤野枝（17歳）上野高女卒業時、上野の写真館にて（明治45年）

叔父等の生活を罵つてやる嘲笑つてやる」

と、上級学校にやってもらった恩ある家族を罵っている。

後世の伊藤野枝研究者たちは、この創作を鵜呑みにしてしまった。

代は十三歳から自活し、糧を稼ぎ、事業を起こし、生き抜いてきている。多くの思想家、政治家、経済人たちとも交誼し合ってきている。男を見る目、人物を見る目は達者であった。また育英にも励み、多くの若者たちをも見てきている。

その男の眼鏡に叶ったのが末松福太郎である。末松は若いうちにハワイへ行き、農園で働き、靴屋で修業をしたりしている。西洋社会のフェミニズムが浸透しており、女性への接し方の丁寧さがノエから見て弱々しく物足りなく思えたのか。

代の言葉が筆者の妻の家に伝わり残っている。

「どこの世界に、娘に悪い縁談を持ってくる親が居るものか」

キチの言葉もある。

「端《はな》は、ノエ自身が乗り気の縁談だった」と。

すべてはアメリカには戻らないという末松の言葉から、一生をこの田舎の糸島で暮らすのか、その暗澹たる鬱屈への反発が創作「わがまゝ」を書かせたのであろう。

後に辻潤もこの「わがまゝ」を真に受けたか、「ふもれすく」にこう書いている。

「女（ノエ）の家が貧乏なために、叔父さんのサシガネで、ある金持ちの病身な息子と強制的に婚約をさせられ、その男の家から学費を出してもらって女学校に通って、卒業後の暁はその家に嫁ぐべき運命をもっていた女。自分の才能を自覚してそれを埋没しなければならない羽目に落居っていた女」

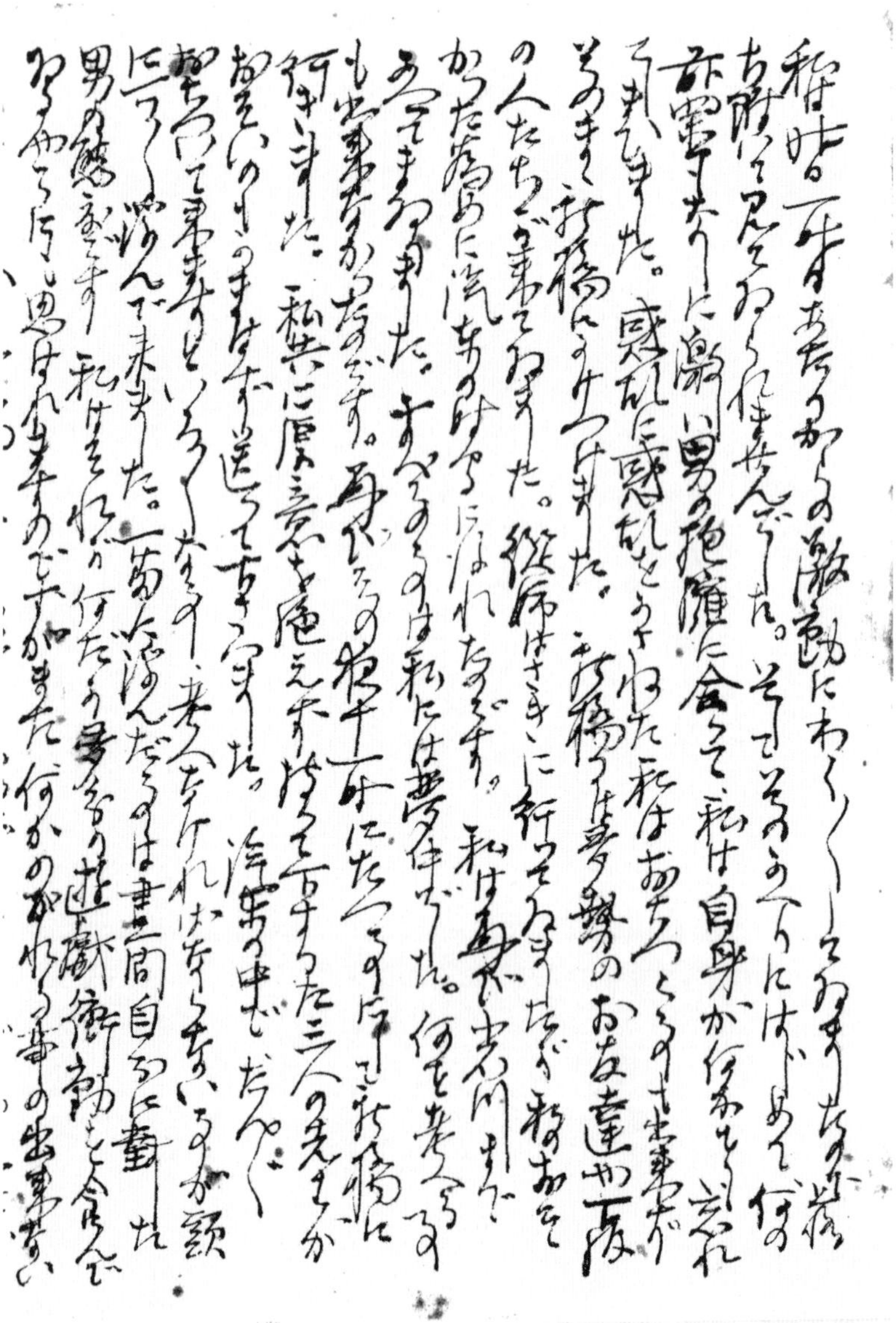

伊藤野枝の自筆文。上野高女卒業式後、東京から九州へ戻るとき、汽車に遅れた理由を書いている。従姉（代千代子）のことに言及している。実に男まさりの達筆である

当時、小説も尾崎紅葉の「金色夜叉」が十数年前に大ヒットしており、世の中は金に目がくらんだお宮より、貫一に同情が寄せられていた。辻の図式が、「強欲な叔父」「金持ちのひ弱な坊ちゃん」「学費を出させるための人身御供」と、新派悲劇風の典型となっている。

卒業の前年、明治四十四年（一九一一）の大ヒット曲が「新どんどん節」（作詞・後藤紫雲、作曲・添田唖蟬坊）である。

♪駕籠で行くのは
お軽じゃないか
わたしゃ売られて行くわいな
父さんご無事で
又かかさんも
お前もご無事で折々は
たより聞いたり
聞かせたり
どんどん♪

ノエは自らの身を、金で売られていくような身と設定し、悲しみのヒロインとして辻に話し、後の「青鞜」にも読者の同情を引くように書いた。辻の「叔父のサシガネ」といった悪意のこもる文言に、この時代の空気を感じる。

《第15話》ノエ出奔、辻の下へ

我が家に上野高女の卒業式の写真がある。世に出回った写真で、左右の人間をトリミングしカットしている。無傷の卒業写真を見ると、前列から二番目左端に辻潤が写っている。瀬戸内寂聴の『この道』（二〇一二年西日本新聞をはじめとした地方紙新聞連載コラム）の中で、「ついに卒業式の日を迎えた。辻は風邪をひいて出席しなかった」と書かれてある。辻は確かに写真に収まっている。瀬戸内さんの見間違いだと思う。

ノエの末松家出奔時のことは、小説「出奔」（「青鞜」一九一四年二月号）に書かれている。これも相当にデフォルメがあるが、九日目に婚家を出て、しばし友達の家に身を隠す。上野高女の教師西原和明と辻に手紙を送り、援けを乞う。西原より、東京へ戻る旅費が送られ、すぐに上京し巣鴨町上駒込染井（現・豊島区）の辻の家に転がり込む。ノエが逐電してより、末松家は上野高等女学校に「ノエ保護タノム」の電報を打つ。

辻の「ふもれすく」によると、

「恋愛ぬきの結婚。卒業して国へ帰って、半月も経たないうちに飛び出してきたノエさんは、僕のところにやってきて身のふり方を相談してきた」

「顔も大して美人という方ではなく、色が浅黒く、服装はいつも薄汚く、女のみだしなみを人並み以上に欠いていた彼女は、どこからみても恋愛の相手には不向きだった」

とノエへの感想を書いている。

明治45年、上野高女卒業写真。最後列、右から４人目、伊藤野枝。その下の列、左から５人目、代千代子（左はしに辻潤が写っているが、わが家のこの写真ではトリミングされている。最前列、右から２人目はバーナード・リーチ夫人）

確かにノエは、幼い頃から家の前の今津湾や、長崎の鼠島の浜で泳いでいた。能古島（現・福岡市西区）までも泳げたという娘である。故に肌は浅黒い、しかし顔立ちは相当に美人だと思う。今宿では萬屋（伊藤家隆盛の頃の屋号、回漕業ほか）顔と呼ばれて、伊藤の血筋は代々美人の家系である。目はくっきりとしており、黒目勝ちで輪郭も良い。辻の感想は少し可哀想な気もする。それとも明治・大正の審美眼は今とは違っていたのだろうか。

「ふもれすく」にはこうも記されている。

「もし僕が野枝さんに惚れたとしたら、彼女の文学的才能と彼女の野生的な美しさに牽きつけられたからである」

辻も母親のミツも、窮鳥となったノエを家に入れた。末松の家からは姦通罪で訴えるという手紙も学校に来ており、辻はノエを匿うことで、上野高女の職を失った。ミツは江戸の下町生まれで気風がよく、逃げ込んできた娘を不憫に思い保護した。しかし、息子・潤が教職を失うとまでは

辻潤、長男一（まこと）と、野枝（大正３年頃）

思っていなかった。

代準介もキチも、上京し、当然ノエの説得を試み、翻意をうながしたが、ノエと辻はすでに深い関係となっており、しばらく間を置き、熱の冷めるのを待つことにした。

ちょうど、長崎瓊浦《けいほ》游泳協会創立の一〇周年にあたり、代は総務主事として西郷四郎監事らと図り、鼠島海水浴場の丘の上に遊園地を造った。同時に記念祝典の催事を考えた。

「牟田乃落穂」にこう書かれている。

「明治四十五年、長嵜游泳協会総務主事在任恰も創立十周年に当り、其記念の為大いに繁栄に努め、會長西島陸軍中将、西郷監事と謀り先ず会場鼠島丘上に遊園地を作り、海岸一帯に石垣並に昇降段等築造せり。然るに当島は要塞地帯にして許可を経ず決行為したる為、不少面倒ありしも、予、引受け解決したり。

而して記念祝賀会の余興として、飛行機製作を策し、西島中将の紹介にて福岡廿四連隊長横地氏に面会し、斯界の泰斗日野熊蔵（日本最初の飛行パイロット）少佐の製作指導に当たれん事を請ふ。其の承諾を得、五十日の後、水上飛行機神風号の完成を見たり。然るに、明治大帝御崩御に逢い充分の活用を見ざりしも、蓋し九州飛行界嚆矢の挙なるべし」

日野とは一昨年（明治四十三年）の日本初飛行祝賀会で会っており、日野の内諾を得た上で、軍の許可を筋道立てて取ったのである。明治天皇の御崩御がこの年の七月三十日、国民大喪に伏し、水上飛行機神風号は飛ぶに到らなかった。年号は大正と改められた。

再び、代とキチは上京し、ノエの説得を試みるも、結果、翻意ならず。代はノエの気性を知悉しており、元の鞘に戻す事を諦める。代はけじめをつけるために、腹にさらしを巻き、紋付袴の正装で末松家を訪れる。大喪の最中であり、「姦通罪」で訴えるのも時節柄破廉恥であると説き、これまでの学費費用や結納金ほか諸費用を倍返しする。男の面子を潰したのであるから、当然である。末松家は受け取らぬという。そこを代は三拝九拝して受け取ってもらう。心にねじり鉢巻をしての謝罪だった。

翌大正二年（一九一三）二月十一日に離婚は成立し、正式に籍を抜く。ノエが末松家を逐電してより、一〇ヵ月強の長きを要した。

代はこの年、福岡へ戻る。長崎での友、松江九十が経営する福岡西新町（現・福岡市早良区）炭鉱株式会社に請われて相談役として就任する。

「牟田乃落穂」によれば——

「長嵜友人松江氏、西新町炭鉱経営し、已に二十余萬圓投じたるに収支償はず、悲況に陥り長嵜本店も為に困苦の状態にて当時東京在住の予に助勢を求め来る」

代は三井とは材木商時代からの信用があった。一時は三井の社員として入社を請われた時期もあり、三井にバックアップを説いて、松江氏の窮地を救っている。この炭鉱は主に鳥飼村中浜で掘られていた。馬車での輸送はあまりに運賃が高く、代は鳥飼に軌道（鉄道）を引き、今宿に運び船積みすることで運賃を四分の一に軽減した。また今宿の漁師たちに石炭沖積みの仕事を与え、今津湾浜崎漁業組合との関係も良好なものとしている。

《第16話》代準介、九州へ戻る

娘千代子は卒業と同時に、今宿青木の柴田勝三郎（九州鉄道社員）と結婚させる。千代子は一人娘につき、代家存続のために柴田は婿養子として代家に入る。籍は作ったものの、ノエの問題や、長崎游泳協会鼠島のこと、西新炭鉱のことにかまけ、やっと末松家のことも落着し、千代子の披露宴を行う。

「牟田乃落穂」によれば、

「長女千代子結婚したるに未だ披露の宴を開かず、今宿海岸に島某氏の家賣物と成り居たるを買い求めて、当處にて祝宴を開きて一週間滞在す」とある。

昔の披露宴は二日三日と行う。娘に良かれと親戚縁者一族郎党、近隣の者たちを集め、大いに振舞ったようだ。大正元年の暮れに長男泰介を授かる。千代子の懐妊は準介の至上の喜びにして、大好きな煙草を止めている。もともとお酒は一滴も飲めぬ人で、「牟田乃落穂」に記されている。

「予、生涯酒を好まず、祖父も父も一滴も呑まず。先年区劃整理委員たりし頃、実地検査の為野間高宮（現・福岡市南区）方面に出張。野間役員の家にて奈良漬の振舞を受け、一番粕に漬けたる新漬なり、余り美味なる故七八片を食して実地踏査に出でたりしに忽ち酔が廻りて歩行する能はざる」

下戸の極みだが、逆に食欲は旺盛で、相撲を取るのが趣味であり、体力には相当自信があったようだ。

やはり自叙伝に書かれている、

「正月の雑煮餅は三十八個を食し、先年、頭山（満）先生の御案内にて麻布大和田に到りて七人前の鰻を平げ、先生始め料亭一同を驚かす」

とその大食ぶりを紹介している。

代準介四十五歳、まさに男盛りである。


大正元年は一九一二年の七月三十一日より始まる。

陸軍大将伯爵乃木希典（一八四九―一九一二）は、九月十三日明治天皇大喪の夜に静子夫人と共に殉死する。当時の世論は賞賛の嵐で、乃木の葬儀は「正午までに一〇万人、葬列沿道の群集」「君に殉じ　夫に殉ず二個の棺」といった見出しが新聞各紙に躍った。

明治大帝の恩顧寵愛を受けた者で後を追ったのは乃木夫妻だけだった。不忠にして度胸のなかった者たちは一層乃木を賛美評価した。私は彼は天皇にのみ殉死したのではなく、旅順２０３高地（一九〇四年十一月二十八日の総攻撃から、十二月五日陥落。日本兵約一万五〇〇〇人戦死）で多くの兵を死なせており、時宜を得て、彼らへの謝罪死も含まれていたと思う。

代の好事は大食以外に、古美術の蒐集があった。

乃木がまだ従六位陸軍中佐時代、明治十一年（一八七八）一月二十四日、官軍勝利の祭事を熊本城で祭主として行っている。この時の祭文を代は入手している。乃木の直筆である。

「牟田乃落穂」には、乃木の長い祭文の全文が写されている。一部をご紹介したい。

「客歳（去年）乃役、凶賊（薩軍）大挙来リ此城ヲ攻撃スル事五十余日、終ニ克ツ事能ハズ、初司令長官谷（干城）少将緩ニ見アリ、敢テ出テ戦ハス、城ニ篭テ来ル者ヲ斃ス。（中略）
南北ノ官軍亦大ニ来リ、終ニ賊軍ヲ掃攘シテ鹿児島城ニ蹙メ、其魁ヲ斃シ其醜類ヲ鋤キ以テ皇極ヲ堅クス。公ノ偉業三百年ノ後ニ在テ、大ニ皇家ニ功アル者亦誰カ之ヲ知ラサラン、嗚呼公在天ノ霊其亦遺憾ナカルベシ。公ノ偉業雄略神武遠大限リ無キテ此ノ如シ、即チ吾等ノ欽慕豈亦巳ヘケンヤ、尚クハ饗セヨ。
明治十一年一月廿四日
祭主従六位陸軍中佐　乃木希典
謹具　」

賊軍を一掃した喜びの宴であるが、中間の内容としては、加藤清正肥州公への御礼に終始している。これほど篭城に強き城はない、堅固にして地理また水の便が特に良い事を褒め称え感謝している。

代は熊本にてこの書を所蔵する夫妻より、一五〇円（現価格約二二五万円）と値をつけられ、あえて倍額の三〇〇円（現価格約四五〇万円）で購入する。後、大正七年（一九一八）、乃木将軍の七回忌法要に表装を施し、乃木の親類縁故の方々に返却贈呈している。


辻の母親は江戸気質の良い気風をしているが、まさか息子潤がノエの所為で職を失うとは思ってもいなかった。辻も働く気力を失い、しばらくは舞い込んだ小娘と愛欲の日々を過ごす。生活は瞬く間に窮乏していく。

辻の「ふもれすく」にはこう書かれている。

「染井（上駒込）の森で僕は野枝さんと生まれて始めて熱烈な恋愛生活をやったのだ。遺憾なきまでに徹底させた。昼夜の別なく情炎の中に浸った。始めて自分は生きた。

あの時、自分が情死していたら、いかに幸福であり得たことか！それを考えると、僕はただ野枝さんに感謝するのみだ」

辻ほどのインテリが、恥も外聞もなく真情を書き連ねている。辻は家計を支えるために、翻訳で食べていこうとするが、そう右から左に仕事はあるものではない。辻家にはあと一人妹がおり、ノエを入れて四人暮らし。収入がない暮らしは、人の心に小嵐を起こし、急速に家内はギクシャクとしていく。

第三章

新らしい女

《第17話》ノエ、「青鞜」に入る

辻は「ふもれすく」の中にこうも続けている。

「高々三十（円）や四十（円）の安月給をもらって貧弱な私立女学校の教師をやって、おふくろと妹とを養っていた僕は、学校をやめればスグと困るにはきまった話なのだ。僕はだがその頃もうつくづく教師がイヤだったのだ。（中略）

一切が意識的であった。愚劣で、単調なケチケチした環境に永らく圧迫されて鬱結していた感情が、時を得て一時に爆発したに過ぎなかったのだ。自分はその時思う存分の感情を貪り味おうとしたのであった。それには洗練された都会育ちの下町娘よりも、熊襲の血脈をひいている九州の野生的な女が遥かに好適であった」

辻は世間に受け入れられることや、家族を養うことや、常識や道徳や、家長の責任や、男の世渡りや辛抱や堪忍といった柵《しがらみ》を、ノエを得ることと引き替えに総て捨て去った。俗と決別し、全てのことに駄々をこねるダダイズムだけで生きることに方向を変えた。

ノエの家の稼業も祖父の代でほぼ没落しており、辻の家の札差し（武士階級への金貸し）稼業も、父の代で没落していた。没落の後に生まれた二人は、どこか世を恨み、どこか地道さが欠如していた。

それにしても、原因を作ったノエは働かなければならなかった。働くのならば、自信のある文才を活かし、学校新聞を作った編集の能力を活かしたかった。明治四十四年九月に創刊された「青鞜」がノエの念頭にあった。東京に居るのに、九州に居るかのようにして平塚らいてう（雷鳥、一八八六―一九七一）に手紙を送る。

平塚の「野枝さんの歩いた道」という一文がある。

「明治の終わろうとする年の晩春だったかと思います。私は九州に住む未知の少女から突然長い手紙を受取ました。それは自分の生い立ち、性質、教育、境遇などを可なり詳細にそして率直に打開けた末、現在自分を取り囲んでいる肉親達の圧迫に対する大きな苦痛をやっきとなって訴えたもので、そこには道徳、習俗に対する半ば無意識な反抗心が息苦しいまで猛烈に渦巻いて、毒々しい敵意の色さえ見せておりました。そして最後に自分はもうこういう不法な周囲の圧迫のもとに一日たりとも生きるに堪えない。それで最後の力をもって是等の肉親に反抗して、自分自身の忠実な正しい道に就こうと決心している、いずれ近いうちに上京するから、そしたらお目にかかって色々御話したいと思うというようなことが、寧ろ独り合点な思い上った調子で書きつらねてありました」

得意の手紙作戦である。

自分を今宿の田舎の習俗に囚われた、哀しい少女として描いたのであろう。その手紙から数日後に、ノエは平塚に会いに行く。当時、青鞜の編集部は本郷区駒込蓬莱町（現・豊島区駒込）の万年山勝林寺本堂の裏手の庭の一室だった。

ノエは夏に一度今宿に戻り、両親に末松との離縁と除籍を要求している。この時、代準介とキチ夫婦は長崎に居り、先述した長寄游泳協会一〇周年記念の催事の進行に没頭していた。ノエは帰りの汽車賃もなく、平塚に借用の手紙を出し、やっとのことで帰京している。秋口より編集部に出入りするようになる。正式には大正元年（一九一二）十一月の入社である。

明治44年（1911）、「青鞜」創刊号。初代編集長平塚らいてう、二代目編集長は伊藤野枝が務めた

これにより此れまで幼き日からのライバルであった従姉千代子との長き葛藤は終わる。編集室には、さらにノエの上をいく新しきライバルたちが待っていた。そのライバルたちは皆総じて家が裕福である。いわゆるお嬢様方で、女子ならばまだ高等小学校を出れば十分な時代に、日本女子大や女子英語塾（現・津田塾大）を出た日本の超エリート女性ばかりである。平塚も日本女子大を卒業している。

わが国初の女性雑誌「青鞜」は、明治四十四年（一九一一）九月に平塚が起こした。平塚家は徳川からの名門で、もともとは田安家の御典医の家柄、出版費用も母親から出ている。創刊号冒頭に、与謝野晶子が「そぞろごと」という詩を飾る。

「山の動く日来る。かく云えども人われを信ぜじ。山は姑く眠りしのみ。その昔に於て山は皆火に燃えて動きしものを。されど、それは信ぜずともよし。人よ、ああ、唯これを信ぜよ。すべて眠りし女、今ぞ目覚めて動くなる」

平塚は創刊の辞に、「元始女性は太陽であった。真正の人であった。今、女性は月である。他に依って生き、他の光によって輝く、病人のやうな蒼白い顔の月である」の言葉を掲げ、男尊女卑の日本の風潮に挑み始める。因みに、表紙のクレオパトラの如き絵は、長沼智恵子（一八八六―一九三八、高村光太郎に嫁ぐ、洋画家）の筆による。彼女も日本女子大で平塚の一年後輩だった。

後に葉山で「日蔭茶屋事件」を起こす神近市子（一八八八―一九八一、長崎県出身、ジャーナリスト、衆議院議員）も、医者の家柄。活水女学校中等科から、女子英語塾の予科ではなく、のっけから本科に進学し、「青鞜」

の編集を手伝う。時代は南満洲の経営権を日本が持ち、満鉄ができ、日本は大陸へ突出し、韓国併合もあり、旭日の勢いの時である。ノエが長崎の代家に居たのが明治四十一年（一九〇八）、神近が東京に行くのが明治四十二年。後に一人の男を取り合う二人は、半年あまり同時期、長崎の空気を吸っていた。ひょっとしたら、長崎の街角ですれ違っていたかもしれない。因縁を感じる。

《第18話》私は本当にひとりきりだ

青鞜のメンバーに尾竹紅吉（一枝）という体の大きな半少年みたいな女子が居た。

ノエは青鞜に入る前から彼女を知っていた。「雑音」（大阪毎日新聞、一九一六年）という青鞜の内部を書いた創作がある。とくに尾竹の行状、尾竹の平塚への思慕、ノエと彼女との交流などが興味深く記されている。

この一節に、

「一昨年あたり根岸の叔父（代準介）の家から上野の図書館に、夏休みの間毎日のように通った時いつも一緒になる紅吉と呼ばれている一枝と無言のままに両方とも意地をはって歩きっこをした。その時分、あの厖大な体をもった紅吉と今日のような親しい交渉が始まろうとは思わなかった。二人は図書館以外でも、同じ根岸に住んでいたのでちょいちょい顔を合わせた。けれども、もちろん言葉をかわすことがあろうなどとは思いもよらなかった」

「絵を書く方だということは図書館でわかりましたの。いつでもあの方は本は読まないでよくスケッチブッ

「青鞜」新年号（1913 年）

クを拡げていましたもの。
あの方の叔父様（尾竹竹坡）やお父様（尾竹越堂）が画家として名高い方だということも、その頃から分っていました。あの方のお住居は以前私の叔父（代準介）の住居だった事もあるのです」

ノエが代準介一家と暮らした根岸の家は、この時、尾竹紅吉の父親尾竹越堂（日本画家）が借りていることに触れ、その家には自分も住んでいたことを平塚に述懐している。

ノエは大卒で家柄がよく、父親や叔父が高名なお嬢様たちの中で徐々に頭角を現していく。先述した、「東の渚」の詩が掲載される。筆名を「野枝」とした。紅吉こと尾竹一枝の「枝」に影響を受けたのかも知れない。「野の枝」とは実にノエらしい、反骨心と野心に溢れている。

（戸籍の名前は「ノエ」であるが、これより以降は「野枝」で表記する）

大正二年（一九一三）、野枝は「新らしき女の道」を青鞜一月号付録に発表する。

「新らしい女は今までの女の歩み古した足跡をいつまでもさがし歩いては行かない。新らしい女には新らしい女の道がある。新らしい女は多くの人々の行止ったところよりさらに進んで新らしい道を先導者として行く。（中略）

先導者はまず確固たる自信である。次に力である。次に勇気である。而して自身の生命に対する自身の責任である。先導者はいかなる場合にも自分の仕事に他人の溶喙を許さない」

まだ芳紀十八歳、檄文にもちかい「新らしい女宣言」である。「新らしい女」という言葉の多用と、「先導者」という言葉に若さの気負いすら感じられる。

当初は日本の古い家父長制への抵抗、男尊女卑、自由な自我の達成、自らに降り掛かる世の因習から呪縛を解くところから筆鋒は始まる。とくにエマ・ゴールドマン（一八六九―一九四〇、リトアニア出身の行動派アナーキスト）に傾倒する。彼女の生い立ちがあまりにも自分と似ており、憧憬が生じ、影響を受ける。後に、エマの「婦人解放の悲劇」を野枝は翻訳している。もっとも、夫君辻潤のバックアップが大いにあったことは想像がつく。この頃の辻は野枝に多くの書を読ませ、解説し、英語翻訳力を育て上げている。教師のままの夫である。

先述の「雑音」二四章の中に、こういう記述がある。

「私の親戚という親戚は、皆私の身辺を監視していた。私の卒業――帰郷――出奔、同時に婚約破棄――そうした混雑の後に、再び、狭い定見しかない田舎の口うるさいところに、習俗に生きて往かねばならぬ父――叔父――叔母達――と争わなければならなかった。（中略）苦しみの中にようやく、私を救うのはいつも良人の手であった。私の肉親はことごとく私を捨てた日に、良人の肉親の人々は快く私を容れてくれたのだ。私は出来得る限りの真実をその良人の母の前に、また妹の前に尽くそうとした。しかし良人を通じてのみの関係における私達のお互いの理解が、そう隅々まで透るはずはなかった。ともすれば私は、小さく肩をすぼめて片隅に涙を拭かねばならぬ日があった。私達二人の恋愛が成り立った日から良人は失職した」

故郷の親や叔父、親戚すべてと齟齬が生じたこと、また辻の母親ミツと辻の失職が原因で縺れだしたこと。最愛の夫・辻は母親との感情のこじれ合いを救ってくれなかったこと、などを縷々連綿と吐露している。野枝のその時の心情を強く端的に表した叫びにも似た言葉が書かれている。

「私は本当にひとりきりだ！」（「雑音」の文中）

この慄くような、孤立孤独の一行の台詞こそが、代や辻の家族というより、大家のお嬢様方に伍していくための覚悟の言葉であり、自己実現のための、彼女自身へのアジテーションだったといえる。野枝は「女梁山泊」の編集部の中で自らを発揮するために、自らの生い立ち、逆境の境遇、ライバルたちが経験していない貧困や抑圧を脚色することで、太刀打ちしていくしかなかった。

代準介は野枝の「わがまゝ」や「出奔」を読むも、意に介さない。野枝からの誹謗中傷表現を不憫にも思い、「あれはあれで、闘っているのだろう」と言ったと我が家には伝わる。

《第19話》「新らしい女」宣言

「新らしい女」とは、家父長制時代の女の犠牲と辛抱を払拭していくためのスローガンである。野枝は女性誌「青鞜」を舞台に、筆鋒の強い評論を多く掲げていくも、ある恋愛事件で志が矮小化される。

大正二年（一九一三）六月、木村荘太からのラブレターを受ける。お腹にはゆくゆく生まれてくる一《まこと》を宿している。返事をどうしたものかと夫・辻に相談する。辻はすでに荘太の小説を読み評価していたのだろう、返事を出すように勧める。荘太は野枝に夢中であり、一日に何通もの手紙攻勢をかけてくる。野枝は当初なんとも思っていなかったのだが、やりとりをするうちに野枝にも恋愛感情が芽生えた。逢った瞬間に恋に落ちることもあれば、こうやって砂糖菓子が崩れていくように徐々に心が浸食されていく事もある。

木村荘太（一八八九―一九五〇）は、谷崎潤一郎や和辻哲郎らが起こして、第二次「新思潮」の創刊に参加した文学青年である。東京の牛鍋屋「いろは」の長男で、父親木村荘平（一八四一―一九〇六、日本麦酒醸造社長、東京府議会議員）には権妻が数多居り、子供の数は三〇人を超えていたと聞く。日本画家の木村荘八（永井荷風原作「濹東奇譚」の挿絵は有名）、映画監督の木村荘十二、直木賞作家の木村荘十ら、みな異母兄弟である。

この恋愛事件については、野枝自らの筆で「青鞜」（一九一三年八月号）に「動揺」と題して詳しく発表される。荘太あてに出した手紙には、末松との気の乗らぬ結婚、卒業式の前の日に上野にて、洋画日本画の展覧会、そして青木繁の遺作展をやっており、一緒に学校の英語教師（辻潤）が行ってくれたこと、そのときに強く抱擁されたことなどが書かれている。帰郷して九日目に婚家を飛び出し、友のところにしばらく居り、東京へ戻った。辻の家に転がり込み、はっきりした意識をもって辻を愛し、辻も愛してくれたと書いている。あなた（木村）に初の手紙をもらい、どうしたものかと辻に尋ねると、辻は私よりもあなたのことを存じておりました。あなたのことを大変まじめな人なのでお返事を出すようにと言われた云々と、達筆で書かれている。後半部の一節をご紹介したい。

「私は今日のあなたのお手紙の一字一句も深い理解と同情をもって悉くうけ入れる事が出来ますのを大きな聲で申しあげる事の出来る力強さを持って居ります。自信が御座います。それだけにまた苦しう御座います。

（中略）

矢張り、私が力以上に出すぎるのがいけないので御座いましょう。私も本当に何も分からない、何も知らないくせに青鞜に書いたりするのは、僭越だとは知ってゐますが、あえて内部にゐて編輯の手伝ひなんかしてゐますと、原稿がたりなかったりなんかしますと、余儀なく幼稚なるも生意気な事でも書いて笑はれなければならないのです」

六月二十四日（大正二年）の日付と成っている。「新らしい女」の謙虚な弱音が現れている。夫に許された手紙のやり取りとはいえ、すでに心を許した仲に伝える文面である。この恋愛は辻にどっちを取るのだと最後通告を迫られ、一週間ほどで終焉する。

夏、代準介は野枝を今宿に呼び戻す。代も長崎を引き上げ、西新炭鉱（現・福岡市早良区）の相談役をやっており、故郷今宿（現・福岡市西区）に「玄洋游泳協会」を設立する。これは今に例えれば、ボーイ・スカウトとガール・スカウトの一体化したものと考えていい。

「牟田乃落穂」にこう記されている。

「長崎游泳協会総務主事に当たりたるにより、斯道に少しく経験を有し居りし故、大正二年、今宿に玄洋游泳協会を設けたり。軌道会社（九州鉄道）の補助ありたるも、予、其一半を負担す。師範は長崎より学生三名と、女子部師範には千代子，野枝を呼び下して教導に就かしめ、予は糸島小学各校を巡りて講演を為し、五、六年男女学生を入会せしめ、大いに教養に努めたり」

従姉代千代子は今宿に暮らしており、前年暮れに長男泰介を生んでまだ七ヶ月。野枝はお腹に一《まこと》を宿しており、すでに前臨月であった。二人とも能古島までも泳げる腕があるも、もっと若い助手を使って水練を教えたのであろう。この帰省は木村との仲に切をつけることに役立った。野枝は青鞜に書いた創作の中身とは異なり、叔父の言いつけ手伝いには素直であった事がよく分かる。

大正二年（一九一三）九月二〇日に長男一《まこと》を出産した。千代子と野枝はライバル同士、いずれも最初に男児を生む。辻もこの時、今宿に帯同している。叔母代キチの残した言葉によれば、辻は非常に優しい穏やかな人柄だったと伝わるが、準介は「牟田乃落穂」の中に、辻については一切触れていない。ゆくゆくご紹介したいが大杉栄のことは好感をもって触れている。

教師が教え子と懇ろな関係になることは、代の男の在り方では許せなかったからであろう。もう一つ想像できるのは、大杉に到っても、妻があり、愛人があり、男女関係が乱れている点から、代の男の美学に反するものである。ではなぜに大杉には触れ、辻には触れなかったのか。辻は内向的で無口ではなかったか、大杉は如才なく、あけっぴろげな性格で、代は好ましく思ったと想定する。

《第20話》 青鞜二代目編集長

飯を炊くのが女性の仕事ともしいうならば、男性は当然米びつをいっぱいにしなくてはならない。辻潤は男の責任と義務を放棄していた。野枝と木村のラブレター事件にしても、わざとに返事を出させ、嫉妬から生まれる退廃を楽しみ、「コキュ（妻を寝取られた夫）」の気分を味わっていた。

こういうデカダンスな風潮は大正時代から、日本に蔓延し始めた。

大正三年（一九一四）、平塚らいてうは奥村博（史）という画学生、平塚流に表現すれば「若いつばめ」と恋愛に陥った。平塚は六年前（一九〇八）に、妻子ある森田草平と密通し、栃木県の塩原尾頭峠で心中未遂事件を起こしている。詳しくは、森田自身が「煤煙」（東京朝日新聞連載）という小説に著している。明治三十六年（一九〇三）に、藤村操（十八歳）が「浮世は是悉く涙なり」の遺書を残し、日光華厳の滝に身を投げている。この後しばらく、日本の若者に自殺と心中がブームとなっていった。

「青鞜」時代の野枝。二十歳すぎくらい

平塚は急速に「青鞜」編集への意欲を無くす。創刊当時のメンバーもどんどん四分五裂し、編集部を去っていった。大正三年十月に、平塚と奥村は御宿（千葉県）に篭る。後を平塚を崇拝する野枝が引き受ける。野枝が上野高女卒業の前日に辻とキスをした事も、九州に戻される時も、「九州に居るようになれば玄海灘で海賊の女王になって板子一枚下は地獄の生活という生き方をするかも知れないわ」と捨て台詞を残しているのも、すべて平塚の若き日の「いたずらキス」ごっこや、「女海賊に憧れた乙女の頃」に影響を受けている。

大正四年（一九一五）一月、野枝は二十歳の若さで、「青鞜」の二代目編集長兼務発行人となる。編集室は小石川区指ヶ谷町の借自宅の玄関傍の一間となった。すでに編集スタッフたちは平塚時代に他に移り、賛助会員たちも手を引き始める。主には、与謝野晶子（鉄幹夫人、歌人）、長谷川時雨（作家、「女人藝術」発行人）、森志げ女（作家、森鴎外夫人）、岡田八千代（劇作家、洋画家・岡田三郎助夫人）、国木田治子（作家、国木田独歩夫人）、小金井喜美子（随筆家・作家、森鴎外の妹）、加藤かず子（小栗風葉夫人）、後に田村俊子（作家）と、錚々たるメンバーである。

平塚が去り、仲間が去り、女梁山泊は崩壊した。野枝は弱音を吐きながらも、「青鞜」の二代目編集人を務めようとしている。「青鞜」（大正三年、一九一四年十一月号）の誌面にその弱音を記している。この時すでに平塚は奥村と御宿に引き下がり、青鞜からは実質的に手を引いていた。

「相談する人もない。加勢をたのむ人もない。こんな時、哥津（小林、版画家小林清親の娘）ちゃんでもいてくれるとなど愚痴っぽいことも考える。広告をとりにゆく、原稿をえらぶ、印刷所にゆく、そうして外出しつけない私はつかれきって帰ってくる、お腹をすかした子供が待っている。机の上には食うための無味な仕事がまっている。ひまひまを見ては洗濯もせねばならず、食事のことも考えねばならず、校正も来るという有様、本当にまごついてしまった。その上に印刷所の引越しがあるし、雑誌はすっかり後れそうになってしまった。広告は一つももらえないで、嘲笑や侮蔑は沢山もらった。私はすべてのことを投げ出したくなってしまった」

青鞜の経営と編集と子育てに多くの時間を割かれ、辻との間に陥穽が生じる。辻の母ミツとの間もうまくいかない。しかも辻の脳裏には野枝と木村荘太のことが深く突き刺さっている。その竹篦《しっぺ》返しか、今度は辻の方が野枝の従妹と不倫を起こす。

辻の随想「ふもれすく」にはこう書かれている。

「同棲してから約六年、僕らの結婚生活ははなはだ弛緩していた。加うるに僕はわがままで無能でとても一家の主人たるだけの資格のない人間になってしまった。

酒の味を次第に覚えた。野枝さんの従妹に惚れたりした。従妹は野枝さんが僕に対して冷淡だという理由から、僕に同情して僕の身のまわりの世話をしてくれた。野枝さんはその頃いつも外出して多忙であった。しばしば別居の話が出た。僕とその従妹の間柄を野枝さんに感ずかれて一悶着起こしたこともあった。

野枝さんは早速それを小説に書いた。野枝さんは恐ろしいヤキモチ屋であった」

野枝もまたこの件を、「偶感」と題して「青鞜」一九一五年六月号に書いている。

「ひょっとしたはずみに二人は私を裏切った。私には二人のふとした出来心であるとして、二人の過ちにしようとした。

しかし、私の穏かな顔色を伺った二人はかえって二重に私を踏みつけた。私の真実を踏みにじったことに対して二人は何の感情も表さない。私の苦しみは極めて安価に眺められている」

野枝は、木村とのことが辻に対して後ろめたくもあり看過しようとした。しかし、辻と従妹の開き直りに遭遇し、小説にすることで二人に復讐をした。

《第21話》不倫事件の真相と顚末

この辻と野枝の従妹の不倫事件を、瀬戸内寂聴（執筆時、「晴美」）が小説「美は乱調にあり」で、不倫をした従妹を「千代子」と書いた。

引用してみたい。

「そんな時、思いがけない事件が野枝の足もとをすくっておこった。

それに気づいた時、野枝は事の次第がどうしても信じられないくらいだった。辻が自分の目をかすめて浮気をする。しかも相手は、人もあろうに、従姉の千代子だった。千代子も結婚してその頃上京をしてきていたが、野枝の家庭を見舞ううち、野枝が『青鞜』に夢中で、ほとんど夫も子供もかえりみない状態に目をみはってしまった。その上、あれだけ周囲を騒がせ、犠牲を強いて辻の懐に走った野枝が、まるで自分の結婚が失敗のようなことをいう。平凡で律義なだけの入婿の夫にあきたらなく思っていた千代子は、辻の繊細さや知的な雰囲気は魅力だった。昔の教師としての畏敬の気持ものこっている。妻にまったくかまわれない辻の姿が、家庭的な躾だけを身につけている千代子には世にも不運なみじめな夫のように見えてきた」

ここの段では、「ふもれすく」の中で辻は不倫の相手を「野枝の従妹」と書いている。野枝もこの顛末を書いた「偶感」の中できちんと「従妹」と記している。瀬戸内さんは不倫相手を代千代子と想定し、「従姉」と書いた。間違いである。

再び、引用してみたい。

「一《まこと》をつれてミツや恒が親戚の祭に出かけた留守に、たまたま訪ねて来た千代子は、辻の書斎に座りこんで話していた。（中略）

千代子は辻の着物の袖付がほころびているのを見かねて、針を持ってきた。

『そのままで、すぐつけますわ。ちょっとそうしていて』

辻は香油の匂いのする千代子の髪を首筋に感じながら、着たままの袖付のほころびを縫ってもらった。ぴちっと糸切歯で糸をきる音をきいた時、冷たい髪が辻の首筋にふれた。

ふと、手を廻した時、千代子は無抵抗に崩れこんできた」

と描写されている。

代千代子は当時、福岡の今宿（現・福岡市西区）で暮らしていた。長男泰介が二歳、大正三年の暮れ、十二月二十三日に長女嘉代子（代準介の孫、筆者の妻の母親）を出産している。福岡に新婚所帯をもち、九州鉄道に勤務する夫は毎日帰宅する。二歳の子と、乳飲み子を抱えて、どうして今宿から上京し、辻と懇ろになるこ

代千代子。伊藤野枝の従姉、代準介の娘、筆者の妻の祖母

とができようか。

確かに千代子は上野高等女学校で、辻から野枝と一緒に一年間英語を習った生徒ではあるが、野枝が学校新聞のことなどで辻と親密になっており、姉分としてそれを注意する、古風で慎ましやかな女である。辻の「ふもれすく」の文面を見ても、不倫の「従妹」が教え子だったニュアンスは微塵もない。野枝も各創作において、千代子のことは「従姉」と記し、「従妹」とは分別している。

映画「エロス＋虐殺」（吉田喜重監督）でも、野枝を岡田茉莉子が、千代子を新橋耐子が演じ、辻役の高橋悦史と関係するシーンが描かれている。このよく調べられてない誤解の表現で、亡き義母（代千代子の娘、代準介の孫）も、私の妻（代千代子の孫）も、ずっと濡れ衣であることを歯がゆく思い、かつ長い年月我慢をしてきた。

瀬戸内寂聴は西日本新聞連載「この道」（二〇一二年連載、フリーラブ　三）の項で、「美は乱調にあり」とは別の書き方をしている。引用してみたい。

「野枝の身辺に突然予期しない事件が起こった。

辻の母方の従妹と間違いを起こしていたのだった。ツネが早く気づき、それとなく野枝に注意しても、野枝は全く気付かなかった。夫も子供もある彼女はとかく操行が悪く、これまでも問題を起こしがちの女だった」

ここには一切「千代子」は出てこない。かつ従姉から「従妹」と書き変えられている。辻の「母方の従妹」となっている。変えてもらったのはありがたいが、辻は「ふもれすく」であくまで「野枝さんの従妹」と書いている。合点がいかない。

野枝にはもう一人いとこの「従妹」がいる。こちらは当時東京で暮らしており、しょっちゅう辻の家にも出入りしていた。名は判明しているが、あえてここには記さない。

野枝は大杉栄とは大正三年（一九一四）の夏に渡辺政太郎（一八七三―一九一八、社会主義者）の紹介で会っている。大正四年の春に夫と従妹の不倫があり、野枝の心が空虚のところに大杉栄が入り込み始めた。それでも辻との生活を再構築するために、今まで内縁関係の夫婦であったが、二人目の子が生まれる前に正式に籍を入れた。入籍の後、野枝は夫・潤と一《まこと》を伴い出産のため福岡へ戻っている。実家の今宿には千代子の家もある。もし、夫と従姉の間に不倫という実態があれば、相手の女が住む町に帰省する訳がない。

《第22話》辻一《まこと》の事

大正四年（一九一五）、日本政府は支邦政府に「二十一か条の要求」を突きつけ、多大な権益を確保した。山東半島のドイツの権益をすべて受け継ぎ、南満洲や東部内蒙古までの居住と殖産興業の自由。旅順大連の租借、満鉄線の延伸もろもろ、大陸に打って出る基盤の年だった。世界はまさに第一次世界大戦のさ中である。日本が日清日露の勝利以来沸き立っている頃であり、とくに海運界や兜町は大景気を催した。

野枝と辻潤は婚姻届を出して帰省する。

実はこの届けが二人の終わりの始まりだった。

次男流二が生まれたのがその年の十一月四日、二人は約四ヵ月の長きに亘り、今宿の実家と従姉・千代子の家、また西職人町（現・福岡市中央区舞鶴二丁目）、福岡玄洋社そばにあった代準介・キチ夫婦の家に滞在した。千代子はその間に、長男泰介をスペイン風邪で亡くす。準介にとって初男孫だっただけにその落胆は激しく、東京の頭山邸にもしばらく足を運ばなかった。このことから代は泰介の供養として慈善を旨とした暮らしに徹する。

「牟田乃落穂」に一休の逸話を載せている。

「一休和尚が若き頃、或る霜の朝三条の大橋を通り路上に寝たる乞食の寒空に堪え兼ねたる態を見て衣一枚を脱ぎて與えたり、乞食の老爺 和尚の顔を見て又ころりと寝たり、一度行過ぎたる和尚又帰へり来りて呼び起して曰く、お前は人より物を恵まれて嬉しき思なきやと、乞食具に曰く、お前は人に物を恵みて嬉しからずやと。この答を聞きて忽ち大悟徹底して善智識となれり」

この教えを大事にし、人間本来の性は善であることを子々孫々にまで言い聞かせている。野枝の長男一《まこと》はほぼ二歳、千代子の長女嘉代子（筆者の妻の母）は約一歳、幼児二人とも当然記憶するべくもないが、義母は亡くなるが亡くなるまで、辻まこと（戸籍上「一」であるが、本人が長じて後の表記では「まこと」としている）の事を尋ねると、懐かしそうに「まこっちゃん」と呼んで遠くを見た。大きくなるまでは交流が続いていたようだ。義母もまた結婚により、付合う世界が変わり、疎遠になっていった。

辻まこと（野枝と辻潤の長男、一九一三—一九七五）は、虐殺された母を持ち、放浪と奇行の末に餓死した父を持つ。コスモポリタンで、画家で、イラストレーターで、登山家で、スキーヤーで、ギタリストで、エッセイストと多彩な才能を持つ自由人である。

「小生は、その誕生からして居候であり、居候として育ち、居候として成人した」

二歳半の歳に、母は大杉栄（アナキスト、一八八五―一九二三）に走り、少年時代、父には生活能力が無く、彼は孤独と絶望の中で成長した。この言葉はすでに人生を達観しており、気負いの無い柔らかな靭さを感じさせる。人は皆どんな境遇に生れ落ちようとも、所詮、この世の「居候」。そう思えば何も怖いものは無いのである。彼の作品である「すぎゆくアダモ」を見てみると、アダモはカヤックを操って川下から川上へと遡上する。

「遠くから自分を過ぎて行く力に運ばれていく」

最後、山の上の火口湖にたどり着く。袋小路の山上湖、さあこれからアダモは何処へ流されていくのか。カヤックから降り、黒い小さな島に上がる。激しい雨が降り続き、やがて止むと、アダモは通り過ぎて行った。白い鳥の翼に乗ったのか、不明である。アダモは「辻まこと」の事であろう。まこともまたアダム同様、「過ぎて行く力」に身を任せていた。イラストはメルヘンティックでどこか滑稽であるが、油絵には別の覚めた辻まことが暗く漂う。「むささび」という作品がある。ハンターが淡いブルーの白銀の世界でさ迷っている。標的のむささびを見失い、辻は何を撃っていいのか分からない、居候が一人雪の中で途方にくれている。人よりも山を愛した男、六十二歳で自死した。祖母ミツに育てられ、父とも乞食のような放浪をし、十代半ばをパリで暮らし、狂った父の面倒を見ていた若き日。父と同じように自らもあえてダダイストを標榜した。自死こそが、白い大きな鳥の翼に乗る事だった。

野枝は「まこと」には大きな罪を作った。

野枝がこの出産で帰省中、門司新報（一九一五年九月十一日号）に載った記事がある。見出しは、「新しい女伊藤野枝子からお話を聴聞の記」とある。「郷里糸嶋郡今宿に児を産むべく帰って居る間を福岡西職人町の叔父代準介の宅に遣って来る。（中略）雑誌青鞜の経営者伊藤野枝子から、御暇なら御話しにいらっしゃいませんかとの案内を受けた」に始まる。

「九州の本屋には一軒も売捌く家（店）がありません。其れで今度来た序に福岡では丸善其の他二三軒に寄って頼んで来ましたが、門司では然るべく御吹聴を願ひたう存じます」

と、「青鞜」の販売促進に努めている。

記者の感想も書かれている。

「野枝子という女は、新しい女の内でも十九歳の歳から子供を産むで、人の母としての責任を味はひ、又雑誌を経営して実際問題に触れて居るからであらう、未だ廿一歳だけれど余程思想が確かりして居るさうだ」

と好意的である。

今宿と違って、西職人町は都心である。野枝は実家よりも構えの大きい準介の家にいて、娘時代同様に家族で居候をし、書店回りを大きなお腹でこなしていた。すでに野枝は夫よりも著名で高名な女史であるから、九州のマスコミも多く取材に来た。東京の偉い女ということで、野枝も居心地の良い事であったろう。

暮れの十二月に野枝一家は東京に戻る。

この五年間は辻に教育され続けた娘だったが、教育の甲斐あって、野枝は女として、評論家として、編集人として、自らの脚で世の中を歩き始めようとしていた。

《第23話》大正の女たち

大正デモクラシーの始まりは大逆事件に端を発していると思う。明治政府の一二名もの死刑という専横さが人々の心に抵抗への火をつけた。

明治三十六年（一九〇三）に幸徳秋水らが平民新聞を発刊する。明治三十九年（一九〇六）に堺利彦、片山潜らが日本社会党を組織する。言論の自由、労働者と小作人の解放を標榜する。同四十三年（一九一〇）の大逆事件で、幸徳らが「大逆罪」という罪名の下に死刑となり、一層の天皇神格化が始まる。これは乃木大将夫妻の殉死（明治天皇後崩御後、夫婦で後を追う）という事も大いに影響しているかもしれない。夏目漱石が「こころ」で書いた「明治の高潔な精神」も確かにこの頃死絶え、権力は足尾銅山鉱毒事件を筆頭に、民草への圧迫を強め、棄民を作り出す。その反発と相克と葛藤とが大正デモクラシーの胎盤となり、かつ頽廃へも繋がりだす。

明治大正の高等教育を受けた女性たちは、女性《にょしょう》の発揮こそが自由を得ることと考えた。姦通罪のある時代に、今でいう不倫事件が多く為されていく。富国強兵策、日清日露の勝利から、一等国気分に浸り、明治の箍が外れ、その浮かれた気分が大正ロマンを生み出したのだろうか。それとも家父長制下における、「良妻賢母」教育への反動反発がそうさせたのだろうか。その行動は高等教育を受けた女たちに多発する。

与謝野晶子（一八七八―一九四二、歌人、代表作に『みだれ髪』）は、鉄幹に妻・林滝野があるのを承知で不倫関係を結ぶ。後に鉄幹との間に一二人の子を為す。彼女は「青鞜」創刊号に「山の動く日きたる」の献詩を寄せている。

管野スガ（一八八一―一九一一、新聞記者）は、夫・荒畑寒村が赤旗事件で入獄中に幸徳秋水と関係を結び、同棲を始める。幸徳には妻があった。大逆事件死刑一二名のうちの一人、女性は彼女だけである。

平塚らいてう（本名「明」、一八八六―一九七一、「青鞜」発刊者、評論家）は、若き日に妻子ある森田草平（作家）と心中未遂事件を起こしている。「青鞜」編集長時代に、当時は珍しいことだが、五歳年下の奥村博（画家）と恋に落ちている。彼女は奥村のことを「つばめ」と呼称し、以来、年下の男性の恋人のことを世間では「若いつばめ」と呼ぶようになる。

その伝でいえば、女流文壇の女ボス長谷川時雨（一八七九―一九四一、作家、『女人芸術』発行者）は、もっと上を行く。十二歳も年下の三上於菟吉（作家、代表作に『雪之丞変化』）と所帯を持つ。無名の文学青年三上を文壇に押し上げていく。

真杉静枝（一九〇一―一九五五、大阪毎日新聞記者、作家）は、正岡容（作家）と心中未遂のあと、武者小路実篤の愛人から、一度は中山義秀（作家）の妻となり、その他多くの作家の愛人を繰り返している。

同じく、宇野千代（一八九七―一九九六、作家、代表作に『おはん』）も、夫ある身ながら尾崎士郎と不倫し、同棲。後に東郷青児（画家）、北原武夫（作家）ほかと多くの恋愛を重ねる。

岡本かの子（一八八九―一九三九、歌人、作家、代表作に『生々流転』）は、男性側からいうところの妻妾同居の逆で、夫・岡本一平（風刺漫画家）と、堀切茂雄という早大生と夫燕同居をしている。奇妙な生活である。芸術家岡本太郎のご母堂である。

波多野秋子（一八九四―一九二三、婦人公論記者）は、夫ある身でありながら、白樺派の作家有島武郎と不倫をする。夫の知るところとなり、姦通罪訴訟の脅しもあり、二人は軽井沢の有島の別荘で心中する。名俳優森雅之は有島の長男である。

中平文子（一八八八―一九六六、新聞記者、随筆家）は、辻潤の友人である武林無想庵（作家、代表作『Ｃｏｃｕのなげき』）の妻であるが、フランスでの行状、またモンテカルロ（モナコ）での嫉妬に駆られたパトロンからの発砲事件はつとに有名である。フランスの社交界で上流の男たちからパトロネージュを受け、そのお金をマルセーユに住む無想庵や娘イヴォンヌの生活費として送っていた。日本のマスコミからは「妖婦」と呼ばれ、「私はハッキリいって、辛抱が嫌い」の言葉を残している。イヴォンヌ（日本名、五百子）は、野枝と辻潤の子、辻一《まこと》の最初の妻となる。この二人の間にできた子が、画家でありエッセイストである竹久野生（のぶ、コロンビア在住）である。野生の体の中には、辻潤、伊藤野枝、武林無想庵、中平文子、辻まこと等の血が流れている。

これらはほんの氷山の一角に過ぎない。いかに明治生まれの大正の女たちが、「女性の自立」という旗印の下、積極的に人生を生きたか。先述の管野スガの言葉を借りれば、「己を偽らず欺かず、率直に生きたい」に帰結する。この言葉は多くの女性を煽った。

山本有三が昭和十年頃、大正の空気を総括するように書いたのが「真実一路」。真実に生きることの身勝手さと難渋さを描いてくれた。真実に生きるとは聞こえは良いが、一方では多くの人々を傷つけていくものだ。映画「真実一路」（川島雄三監督）での淡島千景は守川睦子を巧みに演じている。

「真実諦メ　タダ一人　真実一路ノ旅ヲ行ク　真実一路ノ旅ナレド　真実鈴振リ思ヒ出ス」

（詩・北原白秋）

大正の女たちは真実という我がままの風を、自由の風として吹き吹かせた。

第四章

大杉栄に奔る

《第24話》 大杉栄と出会う

野枝は大正四年（一九一五）十一月四日に次男・流二を生むと、西職人町の代準介の家で一ヶ月ほどを過ごし、辻潤と一《まこと》を連れて、十二月の頭に東京に戻った。

その頃、従姉・代千代子は今宿で暮らしており、二歳の一を預かり、一歳の娘・嘉代子（筆者の妻の母）と遊ばせていた。帰京の日、千代子は野枝に産着や沢山のおしめを分け与え、持たせたという。

野枝が大杉栄と知り合ったのは、流二を生む一年前の大正三年である。世間を拒絶して生きる辻に比べれば、瞳に満々とした思想を湛える大杉の生き方、考え、弱者への情愛、その行動力と文章に惹かれていた。流二がお腹にいる頃、すでに野枝の心は大杉に傾き始めていた。大杉もしかりである。

大杉栄は明治一八年（一八八五）一月十七日、香川県丸亀にて生を受ける。父は職業軍人で、当時丸亀連隊の少尉であった。十五歳のとき、名古屋陸軍地方幼年学校（第三期生）に入るも、十七歳の時、軍人になることに疑問を持ったか、友と決闘し、退学処分を受ける。上京し、谷中村足尾鉱毒問題に興味を持つ。当時、幸徳秋水、堺利彦らで創刊された「平民新聞」に傾倒し、社会主義研究会等に顔を出す。平民社に出入りするうちに荒畑寒村等と知り合う。二十一歳で日本社会党に参加し、以後、数々の行動と演説と論文で逮捕入獄を繰り返す。とくに労働者に対し、経営側とそれに結託する警察に対し、「ストライキ」で対抗することを訴える。

大正末期の共同印刷労働争議を描いた映画「太陽のない町」（徳永直原作、山本薩夫監督）を観ると、ストライキで抵抗しても、会社側に雇われたヤクザたちに蹴散らかされていく労働組合員や、逮捕連行される幹部たちのことがよく具さに表現されている。大杉は十数年前から、その戦法をアジテートしていた。

大正三年に、野枝の訳した「婦人解放の悲劇」（エマ・ゴールドマン他の著）を、大杉は「近代思想」（五月号）で褒めた。続けて、渡辺政太郎の誘いで辻宅に野枝を訪ねる。十二月には「平民新聞」（第三号）が発刊前に発禁処分となる。これを野枝が官憲より隠す。大杉が野枝の才能を褒める、褒められた野枝は舞い上がる。野枝は大杉の役に立ちたいと考える。すでに二人は恋に落ち始めていた。

「襤褸の旗」（吉村公三郎監督）という足尾鉱毒事件の映画がある。田中正造を三國連太郎が、田中の天皇直訴状を書いた幸徳秋水に中村敦夫が扮している。明治三十年代の公害鉱毒事件で、常に国家は弱い百姓や民衆を権力で押さえ込み、蹂躙していく。田中の身を賭しての戦い、谷中村の百姓たちの襤褸での行進、官憲に蹴散らかされていく様。この映画はこの事件をさらに分かりやすく解説している。

野枝は足尾事件の谷中村水没救済に「何かをしなくてはならぬ」と共鳴し、行動しようとするが、辻は動かない。大杉はその心情を是とし、野枝を励まし鼓舞する。野枝は大杉の「平民新聞」を応援すべく、紙の融通や印刷所の手配で協力していく。大杉も「新公論」などの雑誌上で、「僕の今つきあっている女の人の中で、最も親しく感ぜられるのは、やはりあなたなのです」と野枝を口説いている。

とはいえ大杉は、野枝が福岡に流二出産に帰省している間に、東京日日新聞記者神近市子と懇ろになる。この時期の大杉は収入がなく、神近の情夫と化している。神近は長崎の活水高女から女子英語塾（現・津田塾大学）に、予科をパスし、いきなり本科に入るほどの才媛である。野枝とは幼き日に同じ長崎の空気を吸っている。英語塾在学中から「青鞜」の編集に参加し、野枝とも知らない仲ではない。もちろん、大杉には夫婦別姓とはいえ、正式の妻がいる。堀保子、大杉より六歳ほど年上の姉さん女房で、堺利彦の妻・美知子の妹である。大杉は保子と一緒になるために、保子の目の前で自らの着物に火をつけて口説いたと、「寒村自伝」には書かれている。トリッキーでラディカルな口説き方だが、概ねの女性はこういう直線的な熱情には絆されるものかもしれない。

大正五年春に、野枝は大杉と接吻をする。

そのことは辻の知るところとなり、辻は野枝に相当の暴力をふるったようだ。辻の「ふもれすく」には、「僕と別れるべき雰囲気が充分形造られていたのだ。そこへ大杉君が現われてきた。一代の風雲児が現われてきた」

「ただ一度、酒の瓶を彼女の額に投げつけたことがあった。更に僕は別れる一週間前に僕を明白に欺いた事実を知って、彼女を足蹴りにして擲った」

大正五年(一九一六)、野枝は辻と別れる決意をする。長男一《まこと》を辻の元に残し、乳呑児の流二を連れて家を出る。辻は俗世に背を向けている。大杉は毒世を直そうとしている。野枝自身、「青踏」の経営にも行き詰まり、平塚らいてふから編集長を引き継いで一年で座礁、廃刊となる。

家庭内不和で、気の弱りもあった。

《第25話》野枝と中條百合子

辻は、谷中村問題など、家事育児一切ができぬ者が介入すべき問題かと、まず家をきちんとしろと、野枝を揶揄している。やはり良妻賢母を求める辻に、野枝は辻の旧守性を看て取った。籍を入れることで、箍が嵌ると考えたが徒労だった。野枝は不安定な寄る辺ない身となり、何か打ち込むもの、誰かを頼りにしたいという心が救いを求めていた。

幼い頃、叔母からまた違う叔母へとたらいまわしに合い、私が親なら子供だけはどんな事があっても自分の手で育てると誓った野枝が、一《まこと》を手放すことで同じ轍を踏んでしまった。野枝の育児論が「青鞜」の一九一五年一月号にある。

「私は出来ることなら一日子供についていて、その一挙一動も注意して育児ということだけを仕事にして見たいというような欲望もかなり強いのです。それで仕事の事ばかり時間をとられて、子供のために空かしておく時間のないことがまた私は苦痛でたまりません。（中略）時々留守の間に私を思い出しては子供がそこにかかっている私の不断着の傍にはい寄って、それをながめては泣き出すなどいう話を帰って来て聞きますと、涙がにじみ出ます。私の仕事の価値も疑わしくなるほどです。本当にそれは不思議なほど私を悲しませます。考えていますと、私の最上のそして真実な一番尊い仕事と云えば、子供を育てる事らしくさえ思われます。私はこんな幼い子供にたまらない寂しさを感じさせる事を平気で忍ぶことが出来ないのです」

と、自らの幼き日の哀しい思いもあり、ここまでの子育て論を書いている。

亭主の辻もまた、「絶望の書」（一九三〇年）の序文に、

「自分にとって生きているということは恥をさらすことにしか過ぎない。（中略）自分はキャメレオンであり、マゾヒストであり、なんでありかんである。なんてん　かんてん　ところてんである」

と、ニヒルさをユーモアで糊塗し自虐的に記している。

野枝は「青鞜」の出版に頓挫し、創作にも限界を感じていた。理由は中條百合子（一八九九―一九五一、作家、宮本顕治・元共産党議長の妻）の出現である。大正五年（一九一六）、中條十七歳の時、『貧しき人々の群』で坪内逍遥に認められる。「中央公論」に掲載され、女流文壇の彗星、天才少女として注目を浴びる。野枝は彼女の小説他を読み、天分の相違に気づかさせられる。

「彼女の真実―中條百合子氏を論ず」（「文明批評」一九一八年一月創刊号）に、『貧しき人々の群』『日は輝けり』『禰宜様宮田』の三作品を比較し、とくに「貧しき人々の群」を絶賛評価している。

「中條百合子氏については、その三篇の小説により他には私は何も知らない。しかし、その『貧しき人々の群』の中に現われた氏の素直さ聡明さと真実さとには深い敬意を払わずにはいられない。（中略）幾度よみ返して見ても、空想や才能では表せないものを力強く感じる。本当に何という彼女の偉さだろう？（中略）私は、何卒して氏のその生活が、何物にも妨げられずに、根強いものになる事を心から祈りおらずにはいられない」

少々長い評論ではあるが、野枝は文中、手を替え品を替え、言葉を縦横に変化させて褒め称えている。「青鞜」初期には野枝も創作を行っていたが、発行人兼編集長になって以降は、批評、評論、論文、講演に徹していく。

話は前後するが、大正二年（一九一三）の駒込時代、野枝は野上彌生子（一八八五―一九八五、作家、大分県臼杵市出身、代表作に『海神丸』）とも親しく交流している。両家が生け垣を一重隔てた隣り合わせに住んでいたと、「雑音」（大阪毎日新聞に、一九一六年初頭から連載）の中に記されている。

「彌生子さんはソニア・コヴァレフスキイ（ロシアの女性数学者）の自伝を訳している最中であった。私達二人は彌生子さんの日当りのいい書斎で、または垣根をへだてて朝夕の散歩の道でよく種々なことについて話しあった。中でも彌生子さんのソニアについての感想を私をいつでも楽しみに聞いた」

こうも続ける。

「私は彌生子さんに励まされては努めて書物をよんだり、考えたりした。私達は会うたびに滅多に無駄な話はしなかった」

この頃の野枝は、辻に英語と教養を涵養され、また野上を尊敬し、指導を仰ぎ、私淑し、学問への光明をはつらつと見出していた感がある。青鞜に入り、代準介のお陰で姦通罪で訴えられる破目にも陥らず、末松福太郎との協議離婚も成立し、張りのある日々である。

ただ辻自身が家庭への男の責任を捨て去り、父性を帯びた夫から、たんなる無収入に近い宿六と化した。上野高女時代の英語教師としての颯爽さは無くなり、世捨て人の如く家に巣食っている。野枝は幼き日より他家で暮らす事により、心に父性への憧れがあり、それが男性への憧れと変わった。その憧れが空虚な穴となってぽっかりと穿いている。その穴を埋めたくて埋めたくて切迫していた。

《第26話》野枝と野上彌生子

野上彌生子に、「野枝さんのこと」という一文がある。

「丁度、大正五年の三月であったと思います。（中略）うす暗い格子戸の前にもう幾月も姿を見せなかった野枝さんが、二番目のお子さんをおんぶしてしょんぼりと立っていたので、私は吃驚したのを今でもはっきり覚えています。大杉氏との相談を受けたのはその晩でした」

野枝は野上に、大杉には神近市子という愛人がいることを話し、夫・辻潤と従妹との関係も話し、今の辻のニヒルな心境も伝えている。野枝と大杉との共著『乞食の名誉』の中に、「こうした家庭生活に引きずり込まれた自分の不覚」を嘆いている。

野上は次の如くにアドバイスしている。

「その儘大杉氏のところへ行くことだけは考えなければならないと思う。殊に神近さんのような、間にはさまっている他の異性があるとすれば、非常に面倒な苦しい関係になりはしないか。それよりもこの機会を利用して、一、二年みっちり勉強をすることをお勧めしたい」

「あなたの古い愛が目を出して、T氏（辻潤）やお子さんたちの許へ帰ることにならないとも限らない。それならなお結構ではないか」

野上は、中勘助（一八八五―一九六五、作家、代表作『銀の匙』）に慕情を持っていたが、「秘すれば花」と家庭を守り、夫・野上豊一郎を立て大切にし添い遂げた。人が心で思うことは自由であり、何人もとがめだてをすることはできない。野上は生涯、中を陰に日向に支えながら、清廉でプラトニックな愛で通した。

野上は野枝に、勉強する間の生活費の面倒さえ見てもよいと、親身になって相談に乗っている。人生を莞爾と生きていく野上の説得も、まだ未熟でラディカルに生きる野枝には届かなかった。その夜が、野枝さんとの永久のお別れになった、と記述している。

野枝の「成長が生んだ私の恋愛破綻」（「婦人公論」一九二一年十月号）では、あれほど周囲に恥をかかせ、末松家から逃げて飛び込んだ男の批判を書いている。

「T（辻潤）の心持がますます隠遁的になり、母（ミツ）の気持が露骨になるにつれて、私は時々、ひとりの生活を夢想するようになりました。私はその時分から、自分の結婚を悔やむような心持になりかかっていたのでした」

「もう一つはT（辻潤）のあの深いメランコリアです。私は彼がその深い憂鬱に捉えられた時の顔は思い出すだけでも憎しみを感ずるほど、苦悩を刻みます」

「こうして私の心持が進んでいるうちにも、私はまた第二の子供を生むようになりました。しかし、私共の生活はちっとも幸福ではありませんでした」

「私はもしO（大杉栄）の愛をすぐに受け入れるような事があれば、Tとの間に折角自然にはこびかけた相談がこんぐらがるばかりか、世間からきっとOの愛を得たいがためにTを捨てたと云われるだろう。という事が私にはたまらなくいやでした。（中略）そして私はTとも別れOをも拒絶しようと決心しました。Oは私のこの心持ちをよく見破っていました。私は決心してOに拒絶しに行きました。が結果は反対でした。私は一切の話の混淆も世間の批判もだまって受けようと決心しました」

「決心」という確固たる言葉が非常に安易に何度も使われている一文である。

大正五年（一九一六）四月二十四日、野枝は流二を抱いて、神田三崎町の玉名館に入る。五日ほど居て、野枝は大杉と仲間らに見送られて両国駅から千葉県の御宿に向う。完全に野枝は、大杉を中心に正妻の堀保子、愛人で大杉のパトロンである神近市子との四角関係のジレンマの中に入ってしまった。野枝が御宿に居る間も、大杉は保子に生活費を届け、神近は大杉の部屋に泊まり、大杉も神近の部屋を訪ねたりしている。以前、大杉は野枝と神近を前にして、あの有名な「FREE　LOVE論」を二人に呑ませた。

「お互いに経済上独立すること。同棲をしないで別居の生活を送ること。お互いの自由（性的のすらも）を尊重すること」

断然、男性側に有利な三か条である。

野枝は御宿町上野旅館に滞在し、流二の里親を探す。この間、野枝と大杉の往復書簡が今も残されている。

野枝から大杉へ。

「私はひとりきりになってすっかり憧気ています。早くいらっしゃれませんか。それだと私はどうしたらいいのでしょう。こんなに遠くに離れている事が、そんなに長くできるでしょうか。（中略）四時間汽車でがまんをすれば来られるのですもの、本当に来てくださいね。五日も六日も私にこんな気持を続けさせる方は——本当にひどいわ」（一九一六年四月三十日）

念頭に流二のことなど全く無い文面である。

大杉から野枝へ。

「あの女（神近市子）も、この頃は、本当にえらくなった。あの立派なからだを見ても知れる。その強烈な性欲を、近頃ではほとんど征服してしまった。十時頃まで水菓子などを食べてしゃべっていたが、何のこともなく、おとなしく寝て、おとなしく起きて、そしてまたおとなしく社（東京日日新聞）へ出て行った。（中略）逢いたい。行きたい。僕の、この燃えるような熱情を、あなたに浴びせかけたい。そしてまた、あなたの熱情の中にも溶けてみたい。僕はもう、本当に、あなたに占領されてしまったのだ」（一九一六年五月一日）

非常に情熱的で、隠喩として性情的である。

《第27話》野枝、流二を流す

二人の書簡は行き交う。

野枝は大杉の神近に触れた文面に嫉妬している。

「会いたくない人に無理に会わなくてもよろしうございます。何卒御随意になさいまし。一生会わなくったって、まさか死にもしないでしょうからねぇ。そんな人に来て頂かなくても、私一人で結構です。なぜあなたはそんなに意地悪なのでしょう」

大杉の文面にじれている。大杉は女性の扱いをよく知った男で、わざとじらせているのである。

上記のごとく、大杉に剣呑な文を書いても、結局、野枝は大杉の軍門に下っている。

「さっき、あんまりいやな気持ですから、ウイスキィを買わせて飲んでいるんです。だんだん変な気持になって来ます。（中略）ああ、こうやっている時に、あなたがフイと来て下さったらどんなに嬉しいだろうと思いますと、じっとしてはいられません」（一九一六年五月二日）

野枝の体が大杉を求めているような文面である。大杉も求めに応じて会いに行きたいのだが、まったく手元不如意である。

「とにかく、往復の旅費さえできたら、せめて一晩泊りのつもりで行く。（中略）あなたが大きな声で歌うというその歌い声を聞きたい」（一九一六年五月二日）

六月中旬、ついに流二の里親先が見つかる。

大杉への手紙にこう記している。

「子供は預ってくれるさうです。上野屋の親類の人で、鉄道院へ出てゐた人の細君で、子供二人をかかへてゐる、まだ若い人です。その人は預りたがっています」（一九一六年六月一日）

流二はその名の通り、千葉県夷隅郡大原町根方の若松家の里子となり、ゆくゆく里流れとなり、若松姓を名乗る。皮肉にも従姉・千代子は野枝より早くに東京に憧れ、先に上野高女に行きながらも、卒業後福岡に戻り、父・準介の選んだ男と今宿で所帯を持つ。子を生し、母となり、家の人となる。一方、叔父・準介が引き取らねば一生を今宿で終わったであろう野枝が、東京で子を捨て、かつ流し、次の男へ奔る。里親先には、千代子が縫った沢山のおしめも一緒に託された。野枝の中から母性は消え、女性《にょしょう》のみが充満していたと見える。子は自分の手で育てたいといっていた野枝は、一《まこと》に続いて再び自家撞着したのである。

流二に関しては、辻潤も「ふもれすく」の中で触れている。

「幸運なる流二君は親切にも無教養な養父母の手に養われて目下プロレタ生活修業中であるが、上総ナマリのテコヘンなるアクセントにはさすがの僕も時々閉口するのである。しかし、流二君は恐ろしく可愛がられている。わがまま放題に育てられている、——それ以上を望むことは僕の如き人間の要求する方がまちがいである。流二君、願わくば素敵なダダになれ！」

ま、皮肉屋の辻らしく、テレを隠してわざと「無教養な養父母」などと、諧謔露悪に書いている。

野枝がもっとも嫌うのが、女性が「習俗」によって、わが意にならぬ人生を無理やりに送らせられることである。親や叔父が結婚を勝手に決めることは習俗の最たるものである。習俗の打破を期して、今宿を出奔し、辻の胸に飛び込んだのは自らの意思である。自由な意思で、辻との間に二人の子を生し、五年の歳月を暮らし、次に大杉に奔るにも、再び彼女の習俗の論理が生まれる。

「自由意志による結婚の破滅」論によると——

「その第一の原因は、自由結婚の遂行者に対する世間の見張りに対する意地っ張りだ。(中略)まずたいていは自分達の行為を失敗に終らすまいという考えに固執してかえって失敗するのだ。

私もまた、その気持に固執して失敗したのだ」

「あらゆる行為が、ただ良人に対する、子供に対する愛のためだと、しきりに考えていた。そうしてそこに私の安心や誇りや感激やがあった。そうしてばかばかしい誤魔化しの生活が始まったのだ」(「婦人公論」一九一七年九月号)

これはなかなかに無責任な弁解論に聞こえる。この考えで世の中を押しわたるのであれば、誰も離れていきそうだ。

「『或る』妻から良人へ——囚われた夫婦関係よりの解放」によれば——

「私達の『家庭』という形式を具えた共同生活が、いつの間にか、私をありきたりの『妻』というものの持つ、型にはまった考えの中に入れていたのです。(中略)あなたと二人きりの『家庭』の雰囲気の中の生活では、『妻』という自負の下に、すべてを取り捌いていました。そして、今の感情はいつの間にか、その大事な仕事の上に臨む場合にすらも、『良人の仕事に理解を持つ事の出来る聡明な妻』という因習的な自負に打ちまかされるようになっていたのです」(『改造』、一九二二年四月号)

良妻賢母論が絶対に正しいわけではないが、野枝は自らに障害がうまれると全てを習俗論にして糊塗するところがある。

父母、叔父夫婦から逃げて、今度は夫、子供、妻、母の役目からも逃げようとしていた。自由意志の結婚であれ、良妻賢母といった女性のあるべき姿の理想もまた、野枝にとって枠に嵌められることであり、そのことを「習俗」「因習」という言葉に置き換えて突破しようとしていた。野枝の矛盾と、開き直りと、辛抱のない「場当たり的なわがまま」を感じざるを得ない。

《第28話》大杉との愛欲

野枝は辻との結婚は若さのなせることで、次男流二を産んでもまだ二十一歳。本来なら、もっともっと勉強をしたい歳頃だとも悔いている。自分の正当性を綴ったのだろうが、この時代、概ねの女子は高等尋常小学校を出れば働きに出たものだ。高女に通える女子は村でもよほど優秀で、家に少し余裕のある娘たちである。「青鞜」編集部で、大卒のお金持ちの子女と交流し、自らの立ち位置を見失ったのかもしれない。

辻家での誰ともうまくいかず、赤貧の中、野枝は窒息しそうな状況からの出口を模索した。光明の出口は大杉であり、結婚という形の因習を求めず、四角関係であれ、いつか独占してみせるという自信を持っていた。

大杉との間を、「信頼によって生まれた愛であった」（「文明批評」一九一八年）と言い切っている。良人でも、愛人でもなく、「同志」という観念で関係を成立させたと。野枝と大杉の頽廃不倫事件は九州でも新聞に載った。野枝の両親亀吉とムメはまた近隣に恥をかいた。それは代準介・キチも同じである。流二と身二つになるまで福岡に滞在し、帰るや否やの出奔である。

野枝の大杉に宛てた手紙の文中に「私達のことが福岡日日新聞へも九州日報へも出たそうですよ。板場の話では都（新聞）にも出たそうです。大ぶ騒がれますね」と、ちょっと楽しんでいる節がある。代は御宿宛に叱責の手紙を出していた。二人は同志とはいうものの、男女の仲はなかなかに生臭いもの。大杉は野枝の手紙に急かされ、出版社をまわり、前借を頼み込み、やっと御宿までの往復の旅費を工面する。勇躍、野枝に会いに行く。

大杉の帰京後の、野枝宛ての手紙がある。

「もう一つ済まなかったのは、ゆうべとけさ。病気のからだをね。あんなことしていじめて。あとでまた、からだに障らなければいいがと心配している。けれども本当にうれしかった。（中略）たのしかった三日間のいろいろの追想の中に、夢のように両国に着いた。今でもまだその快い夢のような気持が続いている」（一九一六年五月六日）

二人とも、愛欲の海に落ちていることがよく分かる文面である。

「私共は、いつも私共自身でなければなりません。久しい因習は男が女を所有するというような事を平気にしています。女もまたこの頃の新しい思想に育てられた人々でさえも、自分の気に入った男でさえあれば、よろこんで所有されます。これは恥ずべき事です」（「婦人公論」一九二一年十月号）

野枝は、女性の永きにわたる隷属的結婚観に警鐘を鳴らしている。自己の正当性の喧伝とも言えなくはない。多分に、野枝にとって「内助の功」などという言葉は唾棄すべきものだったであろう。

とは言っても、「それにつけても金の欲しさよ」は、いつの時代も変わらない。どんなに愛さえあればとか、「同志」とか綺麗ごとを言っても、金が無ければ腹が減る、家賃も払えない。二人は金策を始める。

ちょうどこの頃、代準介とキチは博多から大阪へ引っ越していた。

代は東京時代、株界の風雲児「天一坊」と呼ばれた松谷元三郎（一八七五―一九一二、天才的株屋）と昵懇で、頭山満にも彼を紹介している。代の手記「牟田乃落穂」によれば、

「氏（松谷）は堺市の出身にして、浪六（村上）子及び越路太夫（三代目竹本、堺市出身、一八六五―一九二四）と共に兄弟の盟約ありし間柄にて、予も亦懇意となり居れり。

或る時天一氏、予に謀りて曰く、自分の所有の月島と政府所有の浅草蔵前と交換出来間敷や、實現の暁には政府も煙草専賣局の倉庫地として最適なり、又蔵前は日本橋魚河岸を移轉せば是又最適地なりと。是案件成し遂ぐるに頭山先生に據るの他なく、予、先生にこの件を陳述せしに大いに諒とせられ、杉山（茂丸）氏、及び後藤（新平）逓信大臣に話され而して桂首相兼蔵相の意向も良き方に動きおり」

この土地交換は、魚河岸を纏めきれず成立しなかったが、代は松谷とは刎頚の友となる。

またこうも手記に著している。

「或る時、頭山先生を築地新喜楽へ御招待したしとの事に、先生へ申上げ当日御供して新喜楽に到れば已に準備整ひ藝妓十六名何れも配膳に就きたり、妓は何れも先生の贔屓筋にて其選抜方の周到たるに驚き足る。（中略）非常なる情に厚き人にて、体躯三十貫而して貴公子の風あり。四十余才にて逝けり」

とあるが、実際の松谷天一坊は大正元年三十七歳で急逝している。

先述したが、代は大正二年に東京を辞し、西新町炭鉱（福岡市）の相談役に就任する。この炭鉱の経営状況は赤字が続いており、代が三井を紹介することで解決していく。先ず長崎本店炭鉱を三井への担保とすることにより、三井が西新町炭鉱の負債書入れを行う。三井の保証により窮地を脱し、炭鉱経営も復活していく。当然、三井から経営陣に人が入る事で、代の役目も終わる。この時、以前松谷から知遇を得ていた株仲間より大阪への招聘を受ける。

代は再び福岡を後にし、大阪は北浜の吉野屋株式店の監督会計主任として着任する。大阪市北区上福島に居を構える。

《第29話》野枝、御宿を出る

とにかく御宿上野屋旅館にいる間、大杉には金がない。それは野枝も同じである。よって、二人の往復書簡を読んでいると、思案投げ首、非常にジリジリいらいらとメランコリィな文面に遭遇する。どんなに仲のよい夫婦でも金がなくなると犬も喰わぬような喧嘩をすると、勝海舟が書いていたが人間という生き物は全くその通りである。

この頃野枝は上野屋旅館への支払いも滞っており、相当に居づらい状態に陥っている。叔父の代準介や実家の父母に無心の手紙を出している。

大杉から野枝への手紙がある。

「こう暑くっちゃ、着物にも困るだろう。

大阪（代準介）の方も、どうかすると当てにならないし、それに九州（父・伊藤亀吉）の方もまだ何の返事もないところを見ると大して当てにもならぬようだ。あなたの方も本当にお困りだろう。（中略）あしたからは、当分面会を謝絶して、下宿で仕事をしているから、急な用事があったら電話してくれ。仕事が済んでもただ金のないために来れないようだったら、本当に遠慮なくそう言ってくれ。僕の方でも、できない場合には、もちろんできないがね。

何だか、いやな金の話ばかりになっちゃったね。また『不快』になっちゃったりしちゃいけないよ」（一九一六年五月三十一日）

四月の下旬に辻家を出て、すで六月を迎えようとしており、着物は袷のままで見た目にも暑苦しく、大杉は細やかに更衣の事を心配している。

再び、大杉から野枝への手紙。

「大阪（代）の方も九州（実家）の方も、今日はまだ、たよりがなかったろうか。何だか僕には、都合のわるそうな予感ばかりされる。とにかくここまで帰って来るのに、本当にいくらあればいいのか。今こちらでは三十円ほどなら、すぐにもできそうな気がする。あしたかあさってかは一つ当ってみるつもりだ。もしあさってまでにどこからの返事もなかったら、電報を打ってくれ。そして日曜日までには、きっと帰るようにしてくれ。

僕はもう、あんなところに、とてもあなた一人を置けない」（一九一六年六月二十二日）

先の書簡で大杉は大阪の方や九州の方も当てにしていないと言っていながら、やはりこの書簡ではどこか当てにしている。

大杉も仕事はしても中々に原稿が売れず、まして野枝だけではなく、妻・保子の生活も支えなくてはならない。春陽堂から前借したり、神近市子のお金に頼っている有様である。

野枝から大杉への手紙。

「あなたに、もう前から云おうとして云い得ないでいる事があります。それはお金の事です。私ははじめっから、ああして厄介をかける事が苦しくて仕方がないのです。それにあなただって余裕がおありになるのでもないのに、本当にすみません。何卒何卒お許し下さい。神近さんからまで、ああして下さる事は、本当に申訳がなくて仕方がありません。大阪へ行きましたら、すぐ叔父（代）に話してどうかする積りではありますけれど。私は本当につらくてたまりません」（一九一六年六月二十二日）

一般的に実父には甘えられても、叔父には甘えづらいものである。まして叔母のキチとは血がつながっているが、叔父準介とはあくまで義理の間柄である。されども野枝の文面を見ると、「すぐ叔父に話してどうかする積り」とこの状況を打破できる確信みたいなものが読み取れる。代は野枝の幼き日から、まるで実娘のように目を掛け、野枝もまた実父のように慕っていたのだと想像がつく。

この手紙への大杉の返信がある。

「今のあなたと僕とは、とても永い間離れていることはできないのだ。大阪や九州へは、もし是非とも行かなければならぬものであったら、半月ぐらいの間にいっさいの用を済まして来ることはできないものだろうか。そしてあなたは、できるだけ早く、あなたの勉強なり仕事なりに取りかからなければいけない。あなたがブラブラしている間は、僕もやはり、なんにも手がつかない。そして二人は、恋の戯れにのみ惑溺していなければならない」（一九一六年六月二十三日）

二人の各書簡を精読すると、とにかく恋愛感情が切迫している。片時も離れてはいられないよう惑溺、つまり身も世も無い肉の欲情をすら感じさせられる。

野枝は流二を千葉県夷隅郡大原町の若松家に渡すと、大正五年（一九一六年）七月の頭、やっと東京に戻る。大杉の下宿・第一福四万館（東京都千代田区九段下界隈）に入る。神近からのお金で糊口を凌いでいるが、愛人の稼ぎでそのまた愛人が飯を食う事くらい恥ずかしく屈辱的な事はない。一〇日ほど同棲して、すぐに大阪の叔父宅を目指す。

夜の東京駅に大杉は野枝を見送る。

十三日の夜行に乗り、翌十四日の朝八時に大阪駅に着いている。お金の無心である。野枝が御宿上野屋旅館滞在中、代は大阪の名物や、夏用の単衣や浴衣などをキチから送らせているが、お金は送らなかった。とにかく、大阪に引越し、東京からも近いので一度会いに来い、家を見に来い、足を運べの便りを出し続けた。旅費は代が送った。大杉という男から、溺れている娘を引き離したかったのだ。

《第30話》野枝、大阪の代家へ

大阪滞在中の野枝から大杉宛の手紙がある。
「停車場（大阪駅）に和気（律次郎、大阪毎日新聞）さんが思いがけなく見えていましたのにびっくりしました。あなたが電報を打って下すったのですってね。午後から社（大阪毎日）に伺う約束をしてすぐこちらにまいりました。叔父（代準介）は午後から旅行するのだと云って、かなり混雑しているところでした。もう一と足で後れてしまうところでした。（中略）
叔父は三時にたつと云っていたのですけれども九時まで延ばしていろいろお話をしました。何か云おうと思いますけれども、何を云っても駄目なのでいやになってしまいました。
叔父はアメリカにすぐに行けと云うのです。そして社会主義なんか止めて学者になれと云うのです。とにかく二十日ばかり留守にするからそれまでいろと云いますから、いる事にはしましたが、叔母（キチ）が何も分らないくせに、のべつにぐずぐず云うのを黙って聞いているのがいやで仕方がありません。要するにあなたと関係をたてと云うのですけれども、それをはっきり云わないのです」（一九一六年七月十五日）

キチは、兄伊藤亀吉より野枝のことを託されている。女でありながらすでに警察の尾行が付いており、そのような危険分子にした無政府主義者の大杉から、野枝を隔離遮断したかった。恋にのぼせた渦中の姪に反発を買わぬよう、また逆効果にならぬよう、露骨な反対意見は避け、婉曲的に大杉との仲を解消するよう言葉を選んだ。

大阪時代の代準介とキチ

直ぐに大杉からの返事が来る。

「大ぶよわっているようだね。うんといじめられるがいい。いい薬だ。あれほどの悪いことをしているのだから、それくらいは当り前のことだ。本当にうんといじめつけられているがいい。そして、ついでのことに、うんと喧嘩でもして早く帰って来るがいい。その御褒美には、どんなにでもして可愛がってあげる。そして二人して、力をあわせて、四方八方にできるだけの悪事を働くのだ。

それとも、この悪事はあと廻しにして、叔父さんの言う通りにアメリカへでも行くか。そして、二年なり三年なり、語学と音楽をうんと勉強してくるか」

野枝のアメリカ行きをわざと牽制している。

続けて、

「もし行こうと思うのなら、あと一と月か二と月かじりつかしてくれれば、どこへでも喜んで送る。野枝子がどこへ行ったところで、野枝子の中には僕が生きているんだ。僕の中にも野枝子が生きているんだ。そして二人は、お互いの中のお互いを、ますます生長さすことに努めるのだ」

行ってもよいがと、ここではわざと手綱を緩めている。中々の手管の男である。

また続けて、

「何だか、こんなことを書いていると、本当に今野枝子が遠くへ行ってしまうような気がする。（中略）そして無闇に野枝子のことが恋しくなってくる。

帰るのなら、いつだって決して早いことはない。すぐにでも帰って来るがいい。来た上でのことは来た上で何とでもなる。とにかく、都合ができたら、すぐ帰って来たらどう？　本当にその叔母（キチ）さんと二人ぎりでいるのじゃ、とてもたまるまい。僕だって、可愛いい野枝子をそんなところに置くのは、とても堪らない。帰っておいで。早く帰っておいで。一日でも早く帰っておいで」（一九一六年七月十六日）

今度は泣き落としである。とても、分別盛り三十歳代の高等思想家の文章とは思えないほど、性急であからさまである。

野枝はこの手紙に煽られる。居ても立っても、じっとしていられなくなり、大阪に二〇日間居る予定が崩れていく。

準介もキチも、大杉を中心とした不埒な四角関係の中に野枝を入れておくことは、不謹慎きわまりないと思っていた。準介はアメリカにも知人がおり、野枝の優秀さも分かっており、彼女の頭脳を学問で役立たせたかった。

野枝が最初の結婚のとき、末松福太郎との婚姻を呑んだのは、アメリカに行けるという夢と希望があったからだ。準介は、アメリカ留学を出せば、野枝は大杉を諦めるだろうと考えた。二〇日間旅に出ることは、準介の策で、二〇日も家におればキチがなんとか説得し、のぼせた頭と心の冷却期間にも成るだろうと考えた。準介はいつも実の娘のごとく、野枝の行く末に腐心した。されどいつの世も、親の心子知らずで、野枝は大杉の手紙で浮き足だってしまった。キチは野枝の気分を変えるべく、和歌山の和歌浦浜に電車の旅をし、野枝に得意の海水浴を楽しませる。大阪のうまい店に連れて行き、野枝の気散じを図るが彼女の心を解きほぐせない。二〇日居るどころか、野枝は大杉の手紙から三日目の十九日に東京へ戻っていった。キチは準介の期待に添えなかった。キチは気性のしっかりした明治の女である。準介とは富士登山もこなし、準介の命を受けて、野枝の妹ツタが最初の亭主の借金のかたに襦袢一つで人質になっているのを、一人山奥まで助け出しに行った女でもある。少々の修羅場も経ている腹の据わった女であるが、小娘の扱いは得手ではなかった。

結局野枝は、キチの元にわずか六日間の滞在だった。

《第31話》野枝の金策

代準介には、長崎時代の友に鈴木天眼（代議士）、西郷四郎（長崎日の出新聞主筆、柔道家）らが居る。東京時代は上野根岸での隣家村上浪六（大衆小説家）を筆頭に、佐々木照山（「山海経」他の作家、政治家）や、小泉三申（策太郎、新聞社社長、政治家、俳優小泉博の父）らと昵懇である。また、村上浪六の紹介により、松谷元三郎（株界の風雲児、相場師）や竹本越路太夫（三代目、文楽義太夫）とは刎頚の交わりをしている。

頭山満とは先祖を一にしており、若き日より一門の頭領として私淑している。頭山の東京での仕事を助けるために長崎より上京する。頭山の霊南坂の家に日参する事で、板垣退助（一八三七―一九一九、伯爵、貴族院議員）、後藤新平（一八五七―一九二九、伯爵、逓信・内務・外務大臣、台湾総督府民生長官、満鉄総裁他）、桂太郎（陸軍大将、総理大臣）、犬養毅（一八五五―一九三二、総理大臣）、中野正剛（一八八六―一九四三、ジャーナリスト、政治家）、杉山茂丸（一八六四―一九三五、台華社主宰、夢野久作の父）らを紹介され、水魚の交わりをする。

代はまた多くの友人たちを霊南坂に連れて行き、頭山に紹介している。杉山にも同様である。代はこの人脈を野枝にもつないでいた。

野枝は叔父の帰りを待たぬままに大阪を辞し帰京した。それから一ヵ月後、大正五年（一九一六年）八月、大杉栄の「近代思想」再刊の資金作りに、再び叔父の元を訪ねる。代は二〇日間居る約束を反故にしたことを叱責し、大杉と別れるならば必要なだけお金を融通するという。野枝は石のように黙りこくり、叔父とは決定的な喧嘩をせず、金策に九州へ廻る。実家の父・亀吉からもよい返事はもらえず、九月の初旬に帰京する。

野枝は帰京すると直ぐに意を決して、霊南坂の頭山を訪ねる。大杉の出版の意義を訴え、資金援助を頼み込む。頭山は代の姪でもある野枝に優しく接し、盟友でもある杉山茂丸を紹介する。杉山は築地の台華社（杉山が経営する商社）で野枝と大杉に会う。大杉にゆるやかな転向を要求する。さすれば金はいくらでも融通すると言った。

代準介と杉山茂丸はビジネス・パートナーとしても昵懇であった。「牟田乃落穂」に拠ると、今津内港

（現・福岡市西区）埋め立て事業や、博多駅移転問題等、杉山の力を借りて、事業の遂行を試みている。よって代は杉山にも野枝を引き合わせていた。さもなければ、二十一歳の娘が頭山満や、杉山茂丸、はたまた後藤新平ほどの大立者たちに金の無心で訪問できるわけがない。

杉山のことは、大正五年の中央新聞（後の日本産業報告新聞）十月十一日の記事に拠れば、

「宰相の位に登った寺内（正毅）さんは、武断一片の人で気難しい人だとの噂があるが、新橋のある待合の女将は語る。

『遊びたい時は夕方七時頃一人で茂さん（杉山茂丸）の所に出かけて行く。茂さんはすぐ新喜楽とか香雪軒とか瓢家に伝える』」とある。

伝えて、寺内総理のお好みの芸妓を揃えておくのである。台華社は宰相製造所といわれるだけあって、杉山は時の宰相と差しで芸者遊びをする仲である。真の友といって過言ではない。

野枝研究者の多くが、「頭山は野枝の祖父と懇意で」と書かれているのを散見するが、これはあくまで叔父代準介の間違いである。

野枝と大杉は、大正五年十月に、本郷区菊坂町（現・文京区本郷五丁目）の「菊富士ホテル」に越している。このホテルは木造瓦葺き、外装白モルタル、三階建ての高級下宿、つまり長期滞在型のホテルである。大正三年から、昭和十九年（一九四四）まで営業したが、同二十年三月に東京大空襲で消失した。当時の、文士や学者、画家たちが仕事場とし、また住まいにもしていた。谷崎潤一郎、竹久夢二、正宗白鳥、尾崎士郎、石川淳、宇野浩二、広津和郎、直木三十五、中條（宮本）百合子など、錚々たる作家たちが暮らしている。

大杉の自叙伝でも少し触れられている。

「当時僕は、女房の保子（堀）を四谷の家に一人置いて、最初は番町の或る下宿屋（第一福四万館）の二階に、

そしてそこを下宿料の不払で逐ひ出されてからは、本郷の菊坂の菊富士ホテルと云うやはり下宿に、伊藤と二人でゐた」

この同棲により、大杉が野枝と神近市子に唱えた、「FREE　LOVE」三ヵ条の一画は潰えたのである。このルール違反に神近は激怒した。

十一月に大杉と野枝は平塚らいてうを茅ヶ崎（神奈川県）に訪ねた。その足で葉山（同）の日蔭茶屋に宿を取る。ここは大杉の定宿の仕事場でもあった。翌日、夕刻に神近が宿に現れた。奇妙なことに、その夜は三人で枕を並べて寝ている。平成の今でも中々に真似できることではないが、大正の男女は性的にもアナーキストである。退廃という事に、麻痺していた時代かもしれない。

翌朝、野枝は一人東京に戻り、その夜、神近は大杉からの別れ話で逆上し、大杉の頸部を刺す。神近は刃渡り五寸（約一五センチ）の短刀をすでに用意しており、覚悟の行為だった。神近はそれほどに大杉の裏切りが許せなかった。

十一月十日の都新聞に、葉山分署で尋問された神近の犯行動機が載っている。

「大杉が、二、三ヶ月前から特に野枝を愛し、自分を疎んずるようになったので、嫉妬のあまり殺意を起こし、七日に葉山に来たのも、大杉を殺す積りでした」

嫉妬を理性で抑えきれない女の哀れさを感じる。

第五章 女性解放運動

《第32話》日蔭茶屋事件の後

世論は神近に同情的で、大正五年（一九一三）十一月十四日の読売新聞に、神近と野枝の両者をよく知る宮嶋資夫（一八八六―一九五一、プロレタリア作家、代表作『坑夫』）の妻のインタビューが載っている。

「神近さんはごくあっさりとした方で、正直な上、優しい義侠的なところもあって、困っている友達が来ると、本を売って金をやったり、財布の底をはたいてご馳走したりするという風でした。昨年暮れ頃から大杉さんとああいう関係になって以来、一生懸命に翻訳したり原稿を書いたりして、そのお金の大部分、少なくとも二百円以上は春から収入の全く絶えている大杉さんに貢いでいました」

「野枝さんも初めはただ野生を帯びた単純な性格の人と思っていたのですが、様子を見ると非常に感情的で、確《しっか》りとした根底のない上、廉恥心の少しもない人のようです。（中略）

とにかく　野枝さんは今後どういう態度をとるかが問題で、私としては彼女に対しては好い感情を持てぬばかりか、人間とさえ思うことを疑っているのです」　と答えている。夫宮嶋は逗子の千葉病院で、野枝に罵声を浴びせ暴行している。野枝と大杉は、新しき女たち仲間からも、社会主義者仲間からも孤立していく。

日蔭茶屋事件の後、大杉は妻・堀保子と離婚し、野枝を籍には入れず、内縁を超越して、もっとアナキスト的新しい夫婦の形を作る。同棲していても束縛しあわない夫婦、同志的夫婦の有り方を目差した。野枝は大杉と付き合うことで、「個の幸せ」から、社会全体の幸福に目を開いていく。仲間から除外され、出版社に

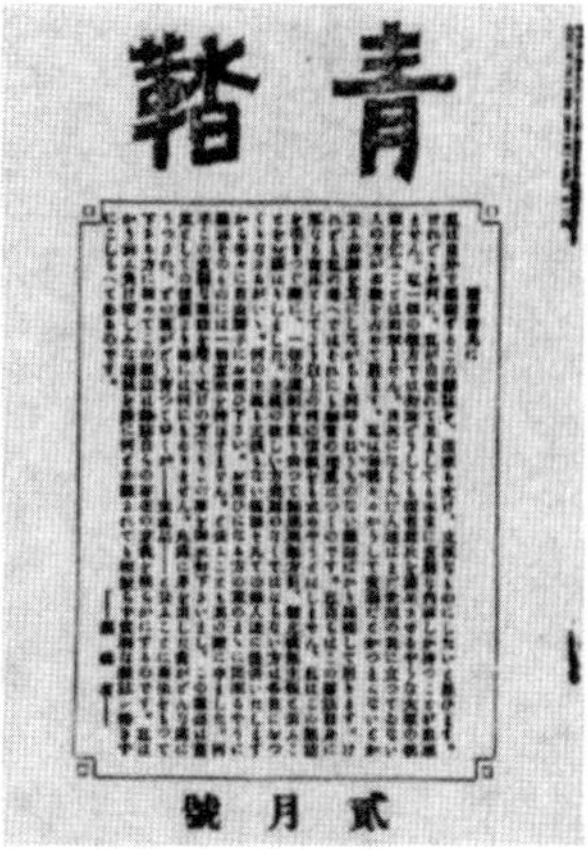

「青鞜」最終号（1916年）。誰も協力してくれなくなり、表紙に絵もなくなった

も疎まれ、収入の道はなく、赤貧どころか黒貧の暮らしを続ける。高級な菊富士ホテルで暮らすことはならず、大正六年（一九一七）、同じ菊坂界隈に移り、七月には北豊島郡巣鴨村（現・豊島区東池袋）に引っ越した。世間というものは非常に頑迷で、野枝は突出して生きていくしか気概を奮い立たせられなかった。

　同年九月にやっと辻潤との協議離婚が成立し、同じ二十五日に長女「魔子」を産む。この命名を、野枝より手紙で連絡を受けた代準介とキチは、将来この子が困るだろうと、翻意の手紙を書いている。魔子とは異な名前を付けたものだが、大杉の世間への抵抗と、どこか諧謔ささえも感じる。

　野枝は創作（小説）よりも、婦人解放評論・運動に向かっていく。とくに「女工」「娼妓」「女中」の解放である。

　野枝が次男流二出産の折、今宿で書いた「傲慢狭量にして不徹底なる日本婦人の公共事業に就いて」（青鞜、一九一五年十二月号）という論がある。これは今にも通じる気迫ある正鵠を射た意見である。上流婦人たちが自己満足と、虚栄心のために行っている慈善を似非と批判している。とくに「婦人矯風会」については名を挙げて誹っている。矯風会は生れ落ちた宿命で芸娼妓に成らざるを得なかった女性たちを見下すように「賤業婦」と呼んでいた。

「『賤業婦』と彼女らは呼んでいる。私（野枝）はそれだけですでに彼女らの傲慢さを、または浅薄さを充分に証拠だてる事が出来る」

矯風会の言い分もこの論に収められている。

「ですからそういう種類の商売を全然なくしようとしたってそれはとても駄目だということは知っています。ですから私たちはそれを根絶させようと云うのではありません、ただ公然とああした商売があるということは日本の国家が外国に対してはずかしい事ですから公娼だけを廃止させたいのです」

「私（野枝）はこの不徹底なお悧巧な議論をとても真面目に『左様ですか』と云って感心しては聞いていられない。公娼は外国人にみっともなくて私娼はみっともなくないという理屈が果して成り立つであろうか？理屈はともかくとして、みっともないとかみっともなくないとか云うことがあの婦人達の唯一の論拠であるなら、私はその愚を笑うよりもむしろかなしまずにはいられない」

当時、公娼もさることながら、私娼はもっと辛い苛酷な身の上にある。皆、みっともないと莫迦《ばか》にされる職業に好きで就いた訳ではない。多くは親から売られた娘たちである。公私ともに解放しなくては事は足りない。それより先にまず経済をよくし、教育と手に技術を教え、女性の職業を多く作っていくことが先決である。婦人矯風会はその根底からの仕事と運動をすべきだった。外国にみっともないとは体裁だけを取り繕う矯風会と野枝は批判を加えた。

「傲慢な者はいつでも自省力を欠いている。（中略）一人の女が生活難のために『賤業婦』におちてゆく。それを彼女たち（矯風会）に云わせるといつでも考え方が足りないとか、無智だからとか云っている。（中略）博愛とは何？　同情とは何？　友愛とは？　果してそれらのものを与え得る自信が彼女たちにあるか？おそらく彼女たちの全智全能の神キリストは、彼女らが彼の名を口にしつつかかる偏狭傲慢の態度をもって人の子に尽すことをかなしんでいるに相違はないと思う」

代準介はこの野枝の論を読んだときに、主義はどうあれ、正義は正義だと深く感心した。千代子との戦い、上野高女での同級生たちとの戦い、青鞜に入ってからの高等女性たちとの戦い、そして今、大きく社会の矛盾や差別との戦いに歩を進めていく姪を、頼もしく好ましく見ていた。

《第33話》 底辺女性の解放論

野枝が「文明批評」（一九一八年二月号）に書いた、「階級的反感」を読むと、人を啓蒙し、解放しようなどとは非常におこがましく困難な事が正直に記されている。亀戸に越したころの話である。

「私の家のすぐ傍の空地の井戸がこの近所の二十軒近くの共用になっている。朝早くから夜おそくまで、そのポンプの音の絶え間がほとんどないと云ってもいいくらいによく繁盛する。私もまたそこに水を汲みに行かなければならない。しかし、私はその井戸端に、四五人の人がいれば、とてもそこにゆく勇気はない。四五人どころじゃない、一人だって行きたくないほどだ。私がそこに出て行こうものなら、そこに居合わせる人がみんなで私一人を注意する。まるで、人種の違った者にでも向けるような眼で。（中略）みんな無智で粗野な職工か、せいぜい事務員の細君連だ。本当なら私は小さくならないでも大威張りでのさばっていられる訳なのだ。でも私にはそれが出来ない。私はその細君連に第一に萎縮を感じるのだ。圧迫を感じるのだ」

近所の銭湯に行っての感慨も書いている。モスリン工場の女工さんたちで一杯の湯屋である。

「私はしゃぼんを沢山使わないと気持がわるい。体も桶の中もしゃぼんのあぶくで一杯になる。しまいには仕方がないから睨まれるくらいは覚悟で桶のあぶくをあけた。『ちょっとちょっとしどい泡だよ、きたならしいね、どうだい、豪儀だねぇ、一銭出せばお客さまお客さまだ、どんな事だって出来るよ』隣にいた女工はいきなり立ち上って、私を睨みつけながら大きな声で怒鳴った。（中略）この敵愾心の強いこの辺の女達の前に、私は本当に謙遜でありたいと思っている。けれど、私は折々何だか、堪らない屈辱と、情けなさと腹立たしさを感じる。本当に憎らしくもなり軽蔑もしたくなる」

野枝の生理的感慨は正直である。婦人矯風会を槍玉に上げながらも、自らの心の中にも率直に彼女たちとは打ち解けあわない自分を見ている。偽善でなく、正しい立脚点である。当時の女工は立ちっぱなしの、朝七時から夜の七時までの労働時間で、ひどいところは深夜十一時までとも聞く。体を壊す者が多く、肺結核に多くが冒されていた。娼妓はもちろん体をひさぐ仕事であり、屈辱的であり過酷であり、やはり性病や労咳に冒されるものが多かった。

女中は当時、「婢《はしため》」と呼ばれ、睡眠時間以外は二四時間の拘束、北側の風呂と便所のそばにある陽のあたらない湿気の強い三畳間ほどで暮らさせられていた。開閉は襖であるから、家の主人から手篭めに合うことも多かった。とくに野枝は上野高女時代、隣家の村上浪六方に出入りもしており、村上家の女中たちの無体な有り様もよく知っていた。

これらの女性は尋常小学校もろくに行っておらず、すべて貧しい家の娘ばかり、親や兄妹のために、一家の人身御供のごとくに世に出された者ばかりである。現実は、親が売っていた時代である。その最も悪質な原因は貧困である。野枝は幸いにも上野高女を出たが、ひとつ間違えばそうなったかもしれない身の上をもち、悲惨な彼女たちの境遇に同情し、この改革と解放に論陣を張り始めた。

「嫁泥棒譚」（「女の世界」一九一七年十二月号）、「喰い物にされる女」（「婦人公論」一九一八年七月号）、「婦人労働者の現在」（「新公論」一九一九年十二月号）、「閑却された下婢」（第一次「労働運動」一九二〇年二月号）などに目を通すと、辻潤時代とは違った大杉の影響と薫陶と瀉瓶《しゃびょう》がある。

　高学歴富裕層の女性陣でなる婦人矯風会の論に反駁し、揶揄し、欠点を衝く論を展開した。上から見下した解放でなく、生まれついた宿命から、また親たちの無知から、今の境遇も仕方なしを認めた上での、真実親身の論陣を張った。

「喰い物にされる女」の中で、バーナード・ショウの戯曲「ウォーレン夫人の職業」に触れている。娘のヴィヴィイが母親のウォーレン夫人を非難するところがある。母親の汚れ仕事のおかげで教養を身につけた娘からの批判である。

「いいえ、でもなぜそんな商売を選びました？　金を貯めてうまくやれば他の商売だってもうかるでしょう？」

「ああ、お金を貯めればね、だけど他の商売で貯めるようなお金が出来ますか？一週二円で相応な身なりもし、貯金もすることが出来ますか？　もちろん顔がまずくて他に儲け道がない時にさ。それや音楽が出来たり演劇に出られたり、物を書く事が出来れば別だがね。私達にゃそんな事は駄目だしさ、ただ顔と男の機嫌を取る事だけが資本だもの。お前は私達が自分の資本を他人に利用されて、酒場女や給仕女になって一生を台なしにするばかだとはまさかお思いじゃなかろうね」

バーナード・ショウ『ウォーレン夫人の職業』（伊藤野枝子訳、青年学芸社、1914年）

　ウォーレン夫人は四人の子供がいる。ヴィヴィイとリッツは同じ父親で、あとの二人は父親が違う。女は貧しいと、とにかくどんな男であれ食べていくために添う。どうにもこうにも男がいなければ生きてはいけなかったのである。貧しい底辺の女達にとって、食べていくためには慎みや羞恥心など何の価値もない。このウォーレン夫人の女の資本を利用しての生き方は、当時まだ女学生だった作家の林芙美子にも影響している。「放浪記」の文中に「三日も食べなきゃ、淫売でもするさ」や、彼女の「稲妻」という小説の愚かな母親にも通底している。

　この頃の野枝は良い仕事をした。

《第34話》大杉という人物

大正七年六月に、代準介は大阪の株界を引き、妻のキチと共に博多へ戻った。

　同月二十九日に野枝は二人に魔子を見せるべく東京をたつ。三十日に代の新しい博多の家と今宿の実家に帰省する。本心は金策である。

　野枝の家には居候として、和田久太郎（一八九三―一九二八、アナキスト）と久板卯之助（一八七八―一九二二、社会運動家）がいた。「文明批評」第三号や「労働新聞」が発禁処分となり、全て官憲より没収され、生活費もさることながら、印刷代の支払いもままならぬ状況に陥っていた。

　この時、魔子はまだ九ヵ月、よちよち歩きの可愛い盛りで、従姉千代子の子、代嘉代子（筆者の妻の母）が三歳半、主に今宿の千代子の家で過ごしている。代準介は住吉神社そばの住吉花園町（福岡市博多区住吉）に居を構えた。野枝に大杉と別れてアメリカに行き、学者になれと言ってから約二年の時間が経っていた。義絶の気持を持ちつつも、幼子を見れば可愛くもあり、官憲に尾行される親の子に生まれたことも不憫であっ

大正７年、大杉栄、博多区住吉の代準介宅にて

た。代は魔子を実の孫のごとくに抱き上げ、義絶心を柔らかく溶かした。そのけじめとして、大杉を博多に呼ぶよう、野枝に伝える。どんな人物なのか、この眼で見て計りたくなったのだ。代は多くの政治家、実業家、新聞人、国士らと長く交友してきており、男を見る眼には自信を持っていた。

大正七年（一九一八）七月十四日に、大杉は林倭衛（一八九五—一九四五、画家）を連れて博多に降り立つ。林は一〇日ほど滞在して帰京する。大杉は非常に明るく如才なく振舞い、世に言われるところの「悪魔」の気配は微塵もない。現状の日本を患いており、東京霊南坂に集う国士にも劣らぬ国士であり、品格も知性も教養もあり、その自然体に代は惚れる。

『美は乱調にあり』（瀬戸内晴美）の中に、代の妻キチの回想の言葉がある。

「大体、主人（代）と申す男が、金を貯めることより、人間を育てることが好きに出来ておりまして、敵味方もなく、これという人物には惚れこむたちのようでございました。後になって、大杉のことなども、自分は右翼の玄洋社にいながら、ずいぶんと面倒をみるような気になったのも、主義主張より、大杉の人間に惚れこんだのかと存ぜられます」

また、「部落解放史ふくおか」創刊号（一九七五年刊）の中に、井元麟之氏（一九〇五—一九八四、元・全国水平社総本部常任中央委員）が「ひとつの人間曼荼羅」と題し、代準介を紹介する中で、大杉と野枝のことを次のように記述している。

「大杉栄は、大正七年に野枝夫人と共に、海浜に近いその実家（福岡市西区今宿）に滞在して、時には海水浴に興じながら一と夏を過した。恐らくこれは大杉夫妻にとって、生涯を通じて最も平和で幸福な日日ではなかっただろうか」

キチは井元氏の取材に、「大杉という人は、温和で思いやりのある、とても優しい良い方でしたよ」と答えている。

代もキチも、世間でいうところの悪魔のような男から、野枝は誘惑されたものと思い込んでいた。別れさせることに失敗したが、大杉という男を目の当たりにし、予見を改めた。井戸端で、明治の生まれの大の男がおしめを洗い、野枝の下のものまで洗っていたと伝わる。フランクでフェミニストの、心の広い男である。

真夏の今宿の浜に、二十五歳の千代子は長女の嘉代子と、魔子と同じ年の次女喜代子（昭和五年十二歳で鬼籍へ）を連れ、二十三歳の野枝は魔子を連れ、共に水練は達者であり、子等を子供好きの大杉に任せ、泳ぎを競い合った。大杉という男は人たらしで、お茶目で、幼児たちに人気があった。よく辻潤の家にも遊びに行き、一《まこと》を連れ出して遊んでおり、一も野枝は無視しても、大杉にはよく懐いたと聞く。

「牟田乃落穂」の中に、代準介の大杉への感慨が記されている。

「大杉栄は世に恐しき怪物の様に誤り傳へられ居りしが、其個性に於ては實に親切にして情に厚く、予、初めて対面せし時等、吃して語る能はず、野枝の通訳にて挨拶を終へたり。親交重なるに従ひ吃音せず談笑したり。

尤も演説又は官憲に対しては流暢に弁論をなす。或る時、社会問題は容易に實現せざるべしと云ひしに、是は五百年千年、又は永劫實現せざるやも知れず、去り乍ら、理想の道程を縋り行くこと吾任務なりと」

同じようなことが当時の糸島新聞の大杉取材でも記事となっている。

「自分ハ社会改善ノ為メ全力ヲ傾注スル考ナルガ、如何ナル方法ニ依リ改善スルカハ具体的腹案モナク、又発表スル限リニアラザルモ、中央ノ権力ヲ今少シ自治団体ニ移シ、現在ヨリモ強大ナル団体ヲ作リ、以テ人民ノ生活ヲ容易ナラシメタシト考フ」

今日の道州制論議に近い発案を、すでに九五年前に吐露している。

代はどんな道であれ、自らの身を張り、命を張る男に一目も二目も置く。金満、偽善、小器用な男たちを嫌った。大杉は代の眼がねに叶った。大杉と野枝と魔子は、一ヵ月ほどを代の家と今宿で過ごし、途中道中、同志たちに会いながら帰京した。代はこれまでの全てを水に流し、幾ばくかの餞別を持たせ、困れば頭山翁を頼れと言った。

《第35話》出産のつど福岡へ

大杉に関し、代準介と同じような感慨をもった男がもう一人居る。宮崎光男（一八九五―一九五八、作家、東京日日新聞記者）、彼がまだ野依秀一（「市」とも書く）社主の實業之世界社に居るころの思い出である。

「目と共に笑ふとか、目をむいて笑ふとか、いふことがあるが、それは大杉君のために特製された形容詞ではないかと思はれるほど、それほど、彼の笑ひは真剣なものに響いた。笑ふと、あの白味勝ちな凄い目が、ますます白味を加へて全く白眼といひたいほどになるのだから、本来からいへば、凄味もそれに正比例しなければならぬ理屈だけれど、大杉君にかぎっては、あべこべに、善良味を加へ、滋味を増して、人を魅殺せずには置かなかった」

「とにかく、彼のアナアキズムの理論なり運動なりは充分に魅力を感じ得なかった人でも、この笑ひが表徴する彼の楽観的、光明的滋味的人格には、充分の魅力を感じ得たであらう。そして、現に彼の系統に属する労働運動家や労働者の中には、彼の理論に共鳴して運動に参加したといふ以外に、彼のこの人格的魅力からはいって行って、次に、彼の思想と行動とに、ぴったり結びついたといふ人も、可なりに多いだらうといふ気がする」（文藝春秋、一九二三年十一月号）

大杉の人間的魅力を最も的確にしかも愛情をもって書き表している。因みに野依秀一（一八八五―一九六八、新聞社社主、政治家）は大分県中津市出身で、呉服屋の息子と聞いている。筆者の故郷でもあり、子供のころ野依が衆議院選挙に出て、トラックの荷台で演説していた姿をよく覚えている。彼が発行していた帝都日日新聞も適宜、家に届いていた。大杉とも野枝とも交流があり、よく二人は野依の事務所を訪ねていたようだ。

大正六年（一九一七）にロシア革命が成っており、日本の国家権力は我が国の赤化を恐れ、大杉と野枝の尾行監視はいっそう厳しさを増していった。

大正八年一月末に、隣の工場からの出火で、東京田端の借家は全焼する。大杉の唯一の財産である夥しい蔵書を灰にしており、その落胆は想像に難くない。すぐに北豊島郡滝野川町に越す。六月には再び本郷区駒込曙町に転居する。借金と家賃と特高刑事に付きまとわれる日々、別の意味の火宅の二人。野枝は大杉の「笑ひ」に命がけで惚れてしまった。奇人黒瀬春吉が経営する浅草の「グリル茶目」の二階の壁に、二人は落書きをしている。

お前とならばどこまでも（栄）

大正 14 年、左から、代嘉代子（代準介の孫、筆者の義母）、大杉眞(魔)子、代キチ、代恒彦

まさに明るいお茶目な悲壮感である。まるで近松の心中物のようで微笑ましい。不倫の末の相思相愛は世間の波風にさらされて絆がより太く強くなっていく。

　大杉が巡査殴打事件で入獄中に、次女を出産する。魔子は大杉が命名したが、次女の命名は野枝に任せた。野枝は、尊敬するエマ・ゴールドマン（リトアニア生、一八六九―一九四〇、女性解放運動家）にあやかり、「エマ」と名づける。野枝はエマの「婦人解放の悲劇」に感銘を受け、以前、その著作を翻訳していた。次女エマは後に、大杉の妹・牧野田松枝の養女となり、名も幸子と改められる。大杉と野枝はそれを知り、平凡な名前と残念がっている。

　大正九年（一九二〇）に鎌倉に引っ越す。借家であるが、豪邸である。この頃、二人とも最も本が売れ、原稿や講演の注文が多い幸せな時期である。共に、世に著名な革命思想家であり、家の前には警察の監視小屋も作られていた。

　この年の十月末、大杉は上海での「コミンテルン極東社会主義者会議」に出席する。野枝は魔子を連れて福岡に帰省している。戻ればいつものごとく、今宿の実家と従姉千代子宅と、代準介・キチの家を行き来している。

　野枝は出産の都度、福岡へ戻る。母ウメ、代の叔父叔母、従姉千代子の家を廻り、留まり、今津湾の潮風で英気を養う。当然、刑事たちは見張っており、村の防犯にも結果役立っている。逆に代準介は、野枝や大杉が引っ越す度に土産を携えて上京し、必ず野枝の家に顔を出し、その暮らしぶりを心配する。当時は今と違って、東京までは丸二日掛かる。早朝出れば一泊二日だが、遅く出れば二泊三日の旅である。博多から門司港へ、そこから船に乗り、下関へ。下関から汽車に乗り、大阪で下車。大阪で一泊し、また翌朝、東京行きの東海道線に乗るのである。野枝は必ず国府津《こうず》駅まで叔父を出迎えていた。野枝は生活に困窮すれば先ず実家よりも叔父叔母を頼る。野枝は幼い頃から、実の親よりも叔父叔母に遠慮なくわがままを言って育ってきた。上京の叔父をいつも駅まで出迎えていたのは、姪というより、娘としての感情のほうが強かったからであろう。

大正十年（一九二一）三月に三女を授かる。再び、エマと名づける。もちろん、帰省して福岡で出産している。従姉千代子の長女嘉代子（筆者の妻の母）は六歳、次女喜代子は四歳、三女曾代子一歳と居り、野枝の長女魔子は四歳、嘉代子がリーダーで四人はまるで姉妹のように育っている。とくに嘉代子と魔子はある意味、千代子と野枝の幼き日からの関係を彷彿させた。

《第36話》代、頭山に私淑

代準介は大阪から福岡に戻ってからも、頭山満との親密な交流は続ける。上京するたびに、まず頭山の家を訪ねる。駅頭に野枝が迎えに来ており、野枝も霊南坂に同道する。次に野枝の家を訪ね、野枝や大杉や子供らの暮らしぶりを気にかけた。

代は長崎時代、池島正造骨董店の隣に住まいしており、茶道具、及び大燈国師、夢想国師、一休禅師らの茶掛を多く蒐集していた。とくに考古学的美術品も多くコレクションしていた。

部落解放史ふくおか創刊号（昭和五十年三月三十一日発行）に、井元麟之氏が代準介のことを「ひとつの人間曼荼羅」と題して纏めている。

「この人（代準介）の名を私が知ったのは、福岡高等小学校一年生（大正六）の頃である。現在の西日本新聞社の裏手に、当時は福岡市立博物館があった。そこを先生の引率で参観に行ったとき、何本もの銅矛や沢山の展示物の中に『代準介』の名があり、出品数がとても多かった。少年の日の私にとって、はじめて知る遠い昔の遺物に対する好奇心と感動とともに、何んという偉い人だろうと思ったことで合った」

と書かれている。

代は事業での利益を、古美術品とくに散逸されやすい考古物の保護に当てた。上京し、頭山の家に日参するようになってから、多くの骨董美術品を頭山に献納している。上野根岸時代、隣家の村上浪六邸の床の間に大身の槍が飾られていた。浪六氏が子爵小笠原長生（一八六七―一九五八、海軍中将）より譲り受けた虎徹の大槍である。浪六氏も代と連れ立って、何度となく頭山の元に詣でているうちにこの名槍を献納した。

よほど頭山という男、男が惚れる、魅力溢れる男であったようだ。代が頭山に献納した大燈国師の書幅は、当時、子爵三浦梧楼（一八四七―一九二六、陸軍中将）より、東京博物館所蔵のものよりも良き品なりと折り紙をつけられている。かわりに代は、頭山の愛猫が産んだ仔猫をもらい受け、大切に育てている。

代は「牟田乃落穂」にこう記している。

「東京にて頭山先生の愛猫が一匹の児を産みたるを貰ひて愛育し居りしが、其の猫不思議に敏く、幾分人語を解する様なりしが、不幸病気に罹かり、入院治療せしも終に死せり」

と残念がっている。

頭山邸に赴くたびに、多くの薫陶を受けたようで、人物の見抜き方も伝授されている。

次のように記している。

「東京霊南坂頭山邸に伺候の際、来人六、七名、社会各方面の人物評等に花を咲かせ居りしに、先生笑《み》を含れて、自分は人間は活字の様なり、善もあれば又悪もあるべし。良き文字のみにて文章は成らず。訪問あれば、最初に此の人は何の字なりや、を知るに努めることと述べられたり」

代は生涯、この言葉を肝に銘じ、人物を活字で大摑みしていた。大杉のことは、「朗」と例えた。

また代は兎にも角にも相撲好きで、隣家の村上浪六氏ほか書生陣としょっちゅう相撲を取っていた。板垣退助翁とは同じ升席で観覧し、頭山にも随行している。九州の大童を雷部屋に紹介し、雷部屋の後援会も組織している。代の亡き父がやはり大の相撲好きで、父の回向に追善相撲を行っている。

「牟田乃落穂」にこうある。

「霊前にて一度東京相撲を執行し、横綱に焼香せしめんと兼ねて念じ居りしに、大正七年秋大角力《すもう》一行下縣の事を耳にす。（中略）福岡市今川橋にて三日間興行なし、予期の通り千五百圓を費す」

横綱は、大錦（出羽海）、鳳（宮城野）、栃木山（出羽海）、西ノ海（井筒）時代である。相撲協会と歩合の興行ではなく、買取り興行にて、大枚をはたいている。

同じ年に、代は一族で最も尊敬する叔父の友池直助とタツ夫妻の金婚式の石碑を、糸島郡可也（現・福岡県糸島市志摩馬場）の叔父の家の庭に建てた。

「牟田乃落穂」によると、

「翁（友池直助）は公職に居ること五十世年、村治の事は固より、産業の開発その功績枚挙に遑あらず、就中、養蚕の如き明治初年より指導に勤めたり。老境に至り、長男次男に告げて曰く、吾一代にて築き上げたる全財産を三分して、先ず其の一を氏神六所神社に捧げ、縣社昇格の基礎を作り、残りを各々に與ふ」

と記している。

大正８年、代準介の叔父「友池直助・タツ」金婚式。代が頭山満他の書を刻んだ記念碑を寄贈している。中央のひげの直助の右後が代準介。もっとも右はし、曾代子を抱く代千代子。最前列、右はし、代嘉代子（筆者の義母）

またこの叔父は、娘四人を嫁がせるに富家を選ばなかったとも記している。嫁いだ先の家を盛り立て栄えさせるようにと、貧家に嫁がせた。子らに安住の道を歩かせないこと、安住は安逸につながり、人間として堕落していくことを、代はこの叔父より学び私淑した。

代は石碑の題字を頭山に頼み込む。頭山は快く引き受け、「以仁為寶」と頭山らしい墨痕の太い大らかな字が石に刻まれている。側面には、その年に亡くなった千家尊福日枝宮司（一八四五―一九一八、男爵、政治家）の書も彫られている。千家は、「年の始めの例とて　終なき世のめでたさを」の歌詞で有名な「一月一日」の作詞家でもある。また側面には犬養毅（一八五五―一九三二、内閣総理大臣）の揮毫も刻まれている。

代は叔父への恩返しをこの石碑で行った。

この石碑は今も糸島市志摩馬場の友池宅の庭に現存している。頭山満は「以仁為寶」(仁を以て宝と為す) と揮毫している

《第37話》野枝と赤瀾会《せきらんかい》

大正九年（一九二〇）二月十七日付の報知新聞の記事がある。

「社会主義に関する図書の売行きは羽の生えたように飛んで行き、クロポトキンやマルクスの著書は、丸善に着荷しても書架に三日と留まらぬという好景気で、社会問題に関する本でなくては夜も日も明けないという現状を見ても、如何に我が読書界がこれらの図書に渇えているかが分かる。（中略）最近、警視庁ではこれらの読書子の警戒をして、各図書館は勿論、主な書店に刑事を派し、社会主義に関する本を閲覧したり購入する人については一々尾行して住所姓名を確かめ、読書子を気味悪がらせている」

時代がこうであるから、大杉の著書『クロポトキン研究』（アルス）他一連の著作は、東京帝国大、慶応大、早稲田大の学生たちを中心に相当に売れた。

野枝もまたフェミニズム・アナキストとして、女性解放のための論文を物し、治安警察法下での集会、講演活動も真剣さを帯びていく。とくに同年五月三日には「来たれ上野公園！」のスローガンの下、わが国最初の労働祭（メーデー）が開催される。友愛会を中心に一五の労働団体が結集し、大いに気を吐いた。「万国の労働者団結せよ」とマルクスの言葉を檄として使っている。この時、参加者の心を鼓舞したのは、「ロシア革命の歌」（作詞・荒畑寒村）である。

♪アジアにつづく北欧の　ロシアの民を君見ずや　専制の雲切りひらき　自由の光仰がんと♪

曲は一高寮歌「ああ玉杯」の旋律を借用している。

大杉は「危険思想」の持ち主たちの頭目と見られるようになり、ますます警察の監視の目は強くなり、臨検も増えていく。

野枝は大正十年（一九二一）三月に三女を産む。次女が幸子と改名させられており、三女に再び「エマ」の名前を付ける。この時期、大杉が肺結核及び肺炎、かつチフスの症状を呈し、聖路加病院に入院加療中につき、福岡に戻らず、鎌倉で出産している。同年、赤瀾会に顧問として参画する。キリスト教系婦人矯風会はとうに切って捨てていたが、新たに結成された新婦人協会（平塚らいてう、市川房江ほか）もまた、中産階級婦人たちによる慈善道楽と攻撃していた。

野枝が「階級的反感」で述べた、「私は現在の知識階級の婦人達が自惚れているように、あるいは押売りをする同情には頼らないでも、もうしばらく後には婦人労働者自身の力強い解放運動が実現される事を信じる」の考えを背骨に丹田に据えて、「女工」「女中」「娼妓」といった、女が自分の体と女の資本を使う道に堕ちていくことに腐心し続ける。

同年末に、あの有名な柳原白蓮が良人・伊藤傳右衛門に送った絶縁状事件が起きている。一部分をご紹介したい。

「私の期待は総て裏切られ、努力は水泡に帰しました。貴方の家庭は私の全く予期しない複雑なものでした。貴方に仕えている多くの女性の中には、単なる主従関係のみが存在するとは思えないものもありました。主婦の実権を全く他の女性に奪われていたこともありました。

それも貴方の御意志であったことは勿論です。私はこの意外な家庭の空気に驚いたものです。こういう状態において、貴方と私の間に真の愛や理解のありよう筈がありません。（中略）愛なき結婚が生んだ不遇と、この不遇から受けた痛手のために、私の生涯は所詮暗い幕のうちに終わるものだと諦めたこともありました。しかし幸いにして私にはひとりの愛する人が与えられ、そして私はその愛によって今復活しようとしてゐるのであります」

柳原の愛人とは、宮崎滔天の息子宮崎龍介であり、当時彼は東京で弁護士をしていた。白蓮は「筑紫の女王」と呼ばれ、たとえ傳右衛門に不満とはいえ、栄耀栄華の暮らしをしている。絶縁文を読むと因習的結婚からの解放であり、或る意味女性解放の要求であるが、野枝から見れば雲上人のスキャンダルだった。身を売るほどの底辺女性の暮らしとはあまりにもかけ離れており、赤瀾会が歯牙にかけるほどの事件でもなかった。

この時期の野枝は山川菊枝（一八九〇―一九八〇、婦人解放運動家、評論家・山川均の妻）と共に精力的に赤瀾会活動にラディカルに奔走している。「婦人問題の難関」「職業婦人に就いて」など、活発に啓蒙活動を行い、官憲特高とも大いに対峙し、かつ手懐けもしている。尾行や留置所の典獄たちとも仲良くなれるのは、彼らにも親がおり、妻子があり、食べるために働いている弱味を持つ人間である事を承知しているからである。

鎌倉からすぐ近くではあるが、三浦郡の逗子町に引越す。どこへ行っても、家の前には警察の見張り小屋が出来る。家主やご町内からはいつも白い目で見られる。短期間での引越しが続く。どこにも安寧の地はない。

大正六年（一九一七）に帝国劇場でトルストイの「生ける屍」が上演された。劇中歌に「さすらいの唄」がある。作詞は北原白秋（一八八五―一九四二、福岡県柳川出身の詩人）、作曲は中山晋平（一八八七―一九五二、長野県出身、作曲家）、主人公のマーシャに扮した松井須磨子が歌った。

♪わたしゃ水草　風吹くままに　ながれながれて　はてしらず　昼は旅して夜は夜で踊り　末はいずく
で果てるやら♪

これは四番の歌詞だが野枝はよく口ずさんでいた。自分の生き方と心境をよく顕わしていたからだろう。
因みにこのレコードは大正七年に日本中で爆発的に売れた。理由は島村抱月がスペイン風邪で急死すると、
須磨子は二ヵ月後に島村の後を自死にて追ったからである。須磨子の気風に多くの女たちが染まった。

第六章

大正の風と嵐

《第38話》自由を求めて

明治に圧搾された空気は、自由を求める風となり、いろいろな人々の心の露地の中を吹き始めた。「さすらいの唄」の一番は、息苦しい日本からの脱却を煽っている。

♪行こうか戻ろか　オーロラの下を　露西亜は北国はてしらず　西は夕焼　東は夜明　鐘が鳴ります中空に♪

大陸歌の原点ともいうべき唄で、男たちは漂泊的に口ずさみ、女たちは厭世的に歌った。野枝は福岡に戻るたびに、母親のムメや妹のツタ、従姉の千代子や叔母のキチに「どうせ私たちは、畳の上では死なれんとよ」と、手刀で首を刎ねられるジェスチャーをしながら言っていた。いつも特高に付けまわされ、手懐けてるとはいえ、気の抜けない緊張の日々を送っている。その上に、大正ロマンと今は呼ぶが、ロマンとは閉塞の中の頽廃であり、時代の鬱々とした風が野枝の口から捨て鉢な言葉を吐き出させていた。

大正ロマンの原点は、大正四年（一九一五）の「ゴンドラの唄」（作詞・吉井勇、作曲・中山晋平）に発すると思う。

♪いのち短し　恋せよ乙女　紅き唇あせぬまに　熱き血潮の冷えぬ間に　明日の月日はないものを　いのち短し　恋せよ乙女　黒髪の色あせぬ間に　心のほのお消えぬ間に　今日はふたたび来ぬものを♪

続けて大正七年（一九一八）に、「宵待草」が大ヒットする。

♪待てどくらせど来ぬひとを　宵待草のやるせなさ　今宵は月もでぬそうな♪

作曲は多忠亮、作詞は本郷菊富士ホテル以来、野枝や大杉と交流のあった竹久夢二である。後々、野枝の孫にあたる、辻一《まこと》の長女野生《のぶ》は竹久家の養女となる。

同年の「酒場の唄」（作詞・北原白秋、作曲・中山晋平）も頽廃的である。

♪女賭けましょうか　玉突きましょうか　ラランララ　ラランラ　ラララ　赤い心臓でもあげましょうか♪

大正十年（一九二一）、「船頭小唄」が日本中で大ヒットする。作詞は野口雨情、野口は大杉と順天中学の同窓である。野口はもちろん社会主義者でも、アナーキストでもないが代準介が大杉の恬淡とした明るい包容力と正義感に惚れたように、野口も大杉におおいに好感を抱き、大杉や野枝の行く道を精神的に支えていた。野口の三男である野口存彌《のぶや》氏は「父野口雨情」の中に、雨情が大杉と何度か会っていた節を書いている。「大杉栄は順天中学に父よりも二、三年遅れて途中入学し、同校を卒業したという縁もあった。父は大杉栄とそのような中学時代の思い出だけを話しあったのではないことが当然考えられるが、そのことについては母にも、また他の誰にもなにも語らなかった。ただ父が大杉栄に、いわば人間的なあたたかい共感をいだいていたことは明確にしておいていいように思われるのである」

♪おれは河原の枯れすすき　同じお前も枯れすすき　どうせ二人はこの世では　花の咲かない枯れすすき　死ぬも生きるも　ねーお前　水の流れに何変ろ　おれもお前も利根川の　船の船頭で暮らそうよ♪
（作曲・中山晋平）

この歌詞は、中々世に出られぬ失意の自らのことを詠ったと言われているが、この唄の「おれもお前も」は大杉と野枝のことではないか、私の勝手な想像だがそんな気がしてならない。
併せて、片や大正デモクラシーの最たる証として労働歌が出てくる。大正十一年に、「聞け万国の労働者（メーデーの歌）」（作詞・大場勇）が唄いだされる。

♪聞け万国の労働者　轟きわたるメーデーの　示威者に起る足どりと　未来を告ぐる鬨の声　汝の部署を放棄せよ　汝の価値に目醒むべし　全一日の休業は　社会の虚偽を打つものぞ♪

曲は軍歌「歩兵の本領」を借用している。

♪万朶の桜か襟の色　花は吉野にあらし吹く　大和男子に生まれなば　散兵線の花と散れ♪

上記、耳に聴き慣れた歌であるが、このまた大元は旧・一高寮歌「アムール河の流血や」となる。
同年、「インターナショナル」（訳詩・佐々木孝丸と佐野碩、作曲デ・ジュ・エール）も澎湃と歌われ始める。

♪立て飢えたるものよ　今ぞ日は近し　醒めよわが同朋　暁は来ぬ　暴虐の鎖り断ちて　旗は血に染みぬ　海をへだつわれら　腕むすびていく　いざたたかわんいざ　ふるいたていざ　あああインターナショナル　われらがもの♪

この歌を訳した佐々木孝丸とは、俳優、とくに悪役として有名である。筆者が子供のころ、東宝や東映の映画によく出演していた。映画「月光仮面」（小林恒夫監督）で敵役のドクロ仮面を演じていたことを今も覚えている。悪役とはいえ、フランス文学の「赤と黒」（スタンダール）も訳しており、相当なインテリ役者である。

日清日露の後、軍部の膨張、警察の圧力、権力の横暴に圧搾された人々は、突破口を見つけようと、革命に憧れ、はたまた或る者たちは道ならぬ恋や、不倫、頽廃、奢侈《しゃし》に、窒息を避けるために自己防衛としての隙間を見つけていく。

《第39話》またまた女児

人は嫉妬する動物である。

自分が出来なかった事をする人間を羨み、謗り、中傷する。その嫉妬の中に、羨望と憧れがあることをひた隠して罵る。

野枝は多くのライバルたちと闘い、渦中で傷つき、ほとほと草臥れ、辿り着いた境地が「自分は自分、他人は他人」、その諦念をもってより、救われ、活動に真剣味を帯びるようになった。

当時まだ悪法の最たる治安維持法は制定されていなかったが、治安警察法で大杉も野枝も四六時中見張られていた。どこへ行くにも、特高の尾行は当然で、常に家の前には番小屋が建てられ、夜は所轄の警官が交代で見張り、出入りの人間ほか、彼らの動きを捕捉していた。

大正十年（一九二一）十一月に、野枝と大杉は鎌倉から逗子に引っ越す。いつもの通り、瞬く間に番小屋ができる。翌年六月七日に、四女ルイズを出産する。おおむね野枝は今宿に戻り出産するのだが、この時もエマの時と同様に戻らず逗子で生んでいる。

大杉栄から代準介宛の手紙がある。

「ぶじ女児を出産しました。ルイズと名をつけました。またまた女の子です。仕方ありませんから、婦権拡張に努めます」

と、「またまた女児」の落胆を伝えている。

大杉ほどのフェミニストでも、やはり、よほど男児が欲しかったのであろう。はたまた、代準介が初孫泰介を早くに亡くしており、以降、娘の千代子も女腹で、野枝に男児を期待していた。その叔父の期待に応えられなかった弁明かもしれない。名はフランスのラジカルアナーキスト、ルイズ・ミッシェル（一八三〇―一九〇五）から戴いている。そのことを大杉は二人の共著である『二人の革命家』（アルス）の序文にこう記している。

「伊藤は今第四の女子を生んでまだ産褥にいる。僕が伊藤の代理までして、この序文を一人で書いてしまったのは其のわけだ。

こんどの子は、僕の発意でルイズと名づけた。フランスの無政府主義者ルイズ・ミッシェルの名を思い出したのだ。彼女はパリ・コンミューンの際に銃を執って起った程勇敢であったが、しかしまた道に棄ててある犬や猫の子を其侭見捨てて行く事のどうしても出来なかった程の慈愛の持主であった。が、うちのルイズはどうなるのか。それは誰にも分からない」

大杉栄・伊藤野枝共著『二人の革命家』（アルス、1922年刊）

ルイズは後に「留意子」と改名され、今宿で育つ。成長して九州配電に勤める王丸和吉氏と一緒になるも、二五年で離婚。そこから彼女は父が序文に書いたように、ルイズ・ミッシェル的社会正義の運動を始める。その辺りは、松下竜一著の『ルイズ――父に貰いし名は』（講談社）や、本人著の『海の歌う日』（同）に詳しいので割愛する。松下氏がルイズを執筆している頃、代の自叙伝「牟田乃落穂」は松下氏にしばらく参考資料として貸し出されていた。私（筆者）も中津出身で、松下氏の出た中津北高の後輩にあたる。船場の彼の書斎にもお邪魔したことがある。ルイズはルイズで、父の期待「うちのルイズはどうなるのか」に応えて見せたかったのだと思う。私の妻が代準介・キチのひ孫であり、ルイさんは私たちの結婚式に出席してくれた。式には少し遅れてきた。多くの女性たちが黒留袖の中、一人、紫の着物で否が応にも目立っていた。お顔は化粧なしの素顔で、髪はシニオンに整え、卵形の美しいお顔に似合っていた。目は父親譲りの大きな瞳で、額に聡明さが現れていた。彼女は離婚してから、荒江（福岡市早良区）にある副島人形店で絵付け彩色の仕事をしていた。私たちの新婚所帯は副島人形店の裏手にあり、妻の母（川崎（代）嘉代子）がよく彼女を連れて遊びに来た。私の娘のお雛様は妻の両親の見立てで、ルイさんから購入した品である。今も春になると、一体一体箱から取り出し飾り付ける。

野枝と大杉は十月に逗子から東京本郷は駒込片町に引っ越す。魔子を大杉や同居人の和田久太郎（一八九三―一九二八、社会運動家、俳人）に託し、野枝はエマとまだ乳飲み子のルイズを連れて今宿に帰省する。大杉との倦怠期に入っていたか、もしくは子供が多く自分の時間がもてず、手の多くある博多今宿に戻ろうかとも考えていた。もちろん、経済的理由が大きいのだが。

この頃、代キチの姉モト（坂口）が野枝の家に同居している。今宿の兄亀吉と折り合いの悪い妹で、代準介が幼児たちの世話係として上京させた。もちろん、二人の幼児を抱えて九州までの長旅は難儀であり、モトも帰省に同行している。野枝は一ヶ月余り、本を読み、文を書き、今宿の海や糸島（現・福岡県糸島市）の山、福岡や博多の町を楽しみ、英気を養った。平和な村の駐在さんもこの時ばかりは忙しくなる。尾行の刑事たちは所轄ごとで入れ替わる。野枝は博多の刑事たちともすぐに仲良くなり、子を抱いてもらったり、荷物を持ってもらったりと、上手に司直を使っている。

従姉千代子の家では長女嘉代子（筆者の妻の母）七歳、喜代子四歳、曾代子二歳と女児ばかり。そこにエマ一歳、生まれたばかりのルイズであるから、七歳とはいえ一番歳嵩の行っている義母はお姉ちゃんとして子守が大変だった。当時、代準介は今宿の港湾整備事業や、住吉地区（現・福岡市南区）の大木集落の土地区画整理を本業とし、余業として新柳町（現・中央区清川）に蕎麦屋（蕎麦喜千）を開きキチに仕切らせていた。野枝はもともと子守、子育てが不得手で、おおむねは千代子宅に子等を預け、蕎麦を食べがてら博多の目抜きに遊びに来ていた。当然、尾行の刑事たちも蕎麦を食べていたに違いない。

《第40話》大杉、日本脱出

大正十一年（一九二二）十一月中旬に、代は上京し、頭山満の霊南坂の家を訪ね、福岡・博多の近況を伝えた。次に大杉宅を訪ね、大杉と魔子に会い、野枝たちの近況を伝えた。代は判で押したように頭山邸、次に大杉宅、この順序は上京する毎に守られていた。代の上京はいつも振り分け荷物で、両家へのお土産を肩に携えていた。

野枝はいくら長期間大杉と離れていても、大杉という男に安心している。

「私共を結びつけるもの」（「女性改造」一九二三年四月号）に、こう書いている。

「彼はたいていの場合子供を連れて歩きまわります。子供と一しょに玩具をあさり、食物を撰び、その着物、シャツ、靴足袋の類までも世話を焼きます。彼が格別の用事を持たず家にいる時には大部分子供と一しょです。出るにも入るにも子供を連れています。同時にまた私の相手もよくしてくれます。私が夕飯の支度でもするときにはお芋や大根の皮むきくらいは引き受けます。七輪のそばにしゃがみ込んで、はじめからしまいまで、見物しています。御飯を炊く火なぞは大よろこびで燃やします」

以前、今宿に帰省していた時、大杉自ら子供たちのおしめを洗っていたと伝わるが、真のインテリゲンチアとはこういうものであろう。

野枝は男女の仲を同文の中で次のように結論付ける。

「『恋は、走る火花、とは云えないが、持続性を持っていない事はたしかだ』という事です。が、その恋に友情の実がむすべば、恋は常に生き返ります。実を結ばない空花の恋は別です。実が結ばれれば恋は不朽です」

男女、夫婦というものは、恋人であり、愛人であり、友人であり、信頼しあう同志に成るならば磐石であることを言っている。

十一月の終わりに、東京から村木源次郎（一八八〇―一九二五、アナーキスト）が大杉の命を受けて、野枝を今宿まで迎えにやってきた。野枝はエマを残し、ルイズだけを連れて帰京する。二歳のエマのことは乳母代わりのモトと、七歳年長の代嘉代子（筆者の妻の母）がよく世話を焼き、面倒を見ていた。

とくに母千代子譲りの博多のあやし歌を、嘉代子はエマを自分の太ももに乗せ、揺すりながら唄う。

♪臼擂りばあさん　ばばが擂った米は　石が入って喰われん　饅頭ならガブッ　と喰う♪

博多の古老なら誰でも唄える懐かしいあやし歌である。「ガブッ」のところで、オデコのあたりを食べるしぐさをすると幼児はキャッキャ、キャッキャと喜ぶ。

大正十一年（一九二二）十一月二十日に、フランスのアナキスト、コロメルから「国際無政府主義大会」への招待状が送られて来ていた。よって大杉は村木を博多に遣り、野枝の早急の帰京を促したのだ。旅費はその多くを有島武郎（一八七八―一九二三、白樺派の作家、代表作は『或る女』『カインの末裔』）が用立てた。

野枝が戻ってくると、大杉はすぐにベルリンで開催される大会出席のために、日本を密かに脱出する。大杉はまず仮病を使い、床に臥したことにして家から逐電する。汽車の中、また船中も露見する事なく、上海上陸も怪しまれる事なく、フランス租界へと入った。

尾行刑事は五歳の魔子にいろいろ訊ねる。

大杉の著した『日本脱出記』に拠ると、尾行の一人が僕にこんな話をしたと前置きして、

「魔子ちゃんにはとてもかないませんよ。パパさんいる？　と聞くと、うんうんというんでしょう。でもおかしいと思って、こんどはパパさんいないの？　と聞くと、やっぱりうんというんです。おやと思いながら、またパパさん居る？　と聞くと、やっぱりまたうんと言うんです。そしてこんどは、パパさんいないの？いるの？　と聞くと、うんうんと二つうなずいて逃げて行ってしまうんです。そんな風でとうとう十日ばかりの間どっちともはっきりしませんでしたよ」

利発な魔子ちゃんであるが、この台詞を読むと、よほど大杉は尾行とは親密であり、尾行も大杉に親近感を持っていたことが伺われる。

フランスに入ってからの大杉はパリでは逮捕の惧れがあり、リヨンに逃れるが、またパリに戻る。そこでは、以前博多にも同道した画家の林倭衛（一八九五―一九四五、画家）と会ったりしている。パリとリヨンを往復しながら、ヴィザが取れず、ドイツ行きを諦める。メーデーの日、サン・ドニ（パリ北郊外の鉄工町）労働

会館で演説を打ち、パリの私服刑事たちに逮捕される。

ラ・サンテ（パリ市一四区、セーヌ川の南）の監獄に収容される。

大杉は酒が飲めない。代準介も酒が飲めない。奈良漬け五、六切れで全身が紅くなり、動悸がしてくる。代が大杉を気に入ったのも、お互い下戸のせいではなかったろうか。

しかし大杉の『日本脱出記』を読むと、彼はこの入獄中、なんと酒に挑む。入獄三日目で白ワイン一本の四分の一を飲めるようになり、二四日目には半分を空けるようになる。パリの監獄は政治犯にはワインを夕食につけている。さすがフランスである、粋である。大杉も「一犯一語」から、ついに「一犯一酒」まで、とにかく時間を無駄にしない、明るい努力家である。

《第41話》大正の嵐

大杉は獄中で魔子のことを思い、詩を書いている。

魔子よ、魔子
パパは今
世界に名高い
パリの牢やラ・サンテに。

だが、魔子よ、心配するな
西洋料理の御馳走たべて
チョコレトなめて
葉巻スパスパ、ソファの上に。

そしてこの
牢やのおかげで
喜べ、魔子よ
パパはすぐ帰る。

おみやげどっさり、
うんとこしょ
お菓子におべべにキスにキス
踊って待てよ
待てよ、魔子、魔子

この詩を歌にし、涙ながらに唄っていたと記している。魔子の名を六回も詩中に挟んでいる。よほど魔子を愛していたのだろう。他の娘の名は出てこない。

大杉はフランスを国外追放（強制退去）となり、マルセイユより日本郵船箱根丸の船の人となる。大正十二年（一九二三）七月十一日に神戸に帰国する。約七ヵ月、日本を空けていた。

この間野枝は、長期に今宿と代の福岡の家に滞在している。ただ、この年の六月六日付けの大阪朝日新聞によれば、警視庁の特高課が社会主義者及び無政府主義者の一斉検挙を行っており、堺利彦（一八七一—一九三三、福岡県京都郡出身、日本を代表する社会主義者）を筆頭に、茂木久平（一八九八—一九七一、早稲田大学時代大杉栄に私淑、後に満映東京支店長）、和田久太郎（先述）、高津正道（一八九三—一九七四、社会運動家、衆議院副議長）、近藤憲二（一八九五—一九六九、大杉没後の日本のアナキスト運動のリーダー、妻は堺利彦の娘・真柄）、仲宗根源和（一八九五—一九七八、共産主義者、沖縄県会議員）らの名前に続き、伊藤野枝の名も挙がっている。この時期、野枝は子らを預け、東京と博多を行き来していたようだ。

上記の人物で生き方が非常に珍しいのは、茂木久平である。大杉に心酔していたにもかかわらず、大杉を虐殺した甘粕正彦と昵懇となり、満映で禄を食んでいる。左と右を渡り歩いた不可解な男である。

野枝は大杉がフランスに渡る寸前に、第五子を身篭っていた。野枝は代の家に居候をし、魔子は主に千代子に懐いており、「かよネェ」と呼んでいた。野枝は代の家に居候をし、エマとルイズは伊藤の家で預かる。魔子は嘉代子に懐いており、「かよネェ」と呼んでいた。

野枝は大杉がフランスに渡る寸前に、第五子を身篭っていた。野枝は代の家に居候をし、魔子は主に千代子の家で預かる。魔子は嘉代子に懐いており、「かよネェ」と呼んでいた。野枝の母ムメは幼い女児二人に、相当苦労をしたものと推測する。代の家での野枝は執筆作業に精を出し、福岡から東京の出版社に原稿を送っている。暇があれば本を読み、本屋を回る。故郷に居る時の野枝は、まったくの骨休めで、この年の「婦人公論」（一九二三年、五月号）に、次のように述べている。

「元来私はエゴイストです。そして思想的には Individualism の洗礼を受けたのです。その思想は今でも強く私の上に影響して居ります。そのせいかどうか、私には到底愛他的な犠牲的な心持はめったに働きません。すべての基準が、自分というものにあります」

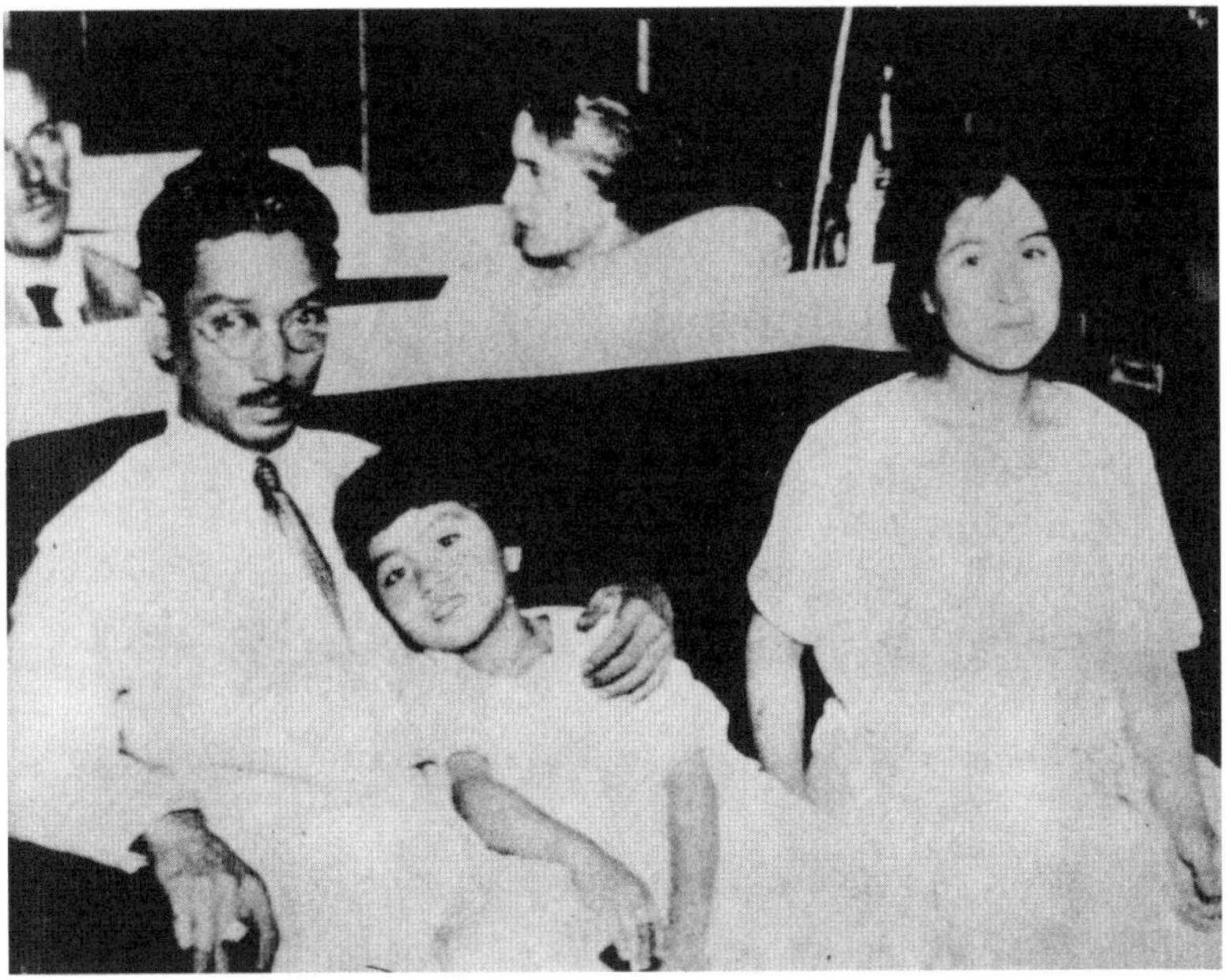

大正12年7月、仏から帰国した大杉を神戸に出迎える。翌日、東京行きの汽車の中。左から大杉栄、魔子、伊藤野枝

「私は世間の大方の婦人達のように、本当の良妻賢母が決して生活の目的ではないのです」「ただ、私共は、安逸なその日その日を無事に送れる幸福を願うのが、本当の幸福だとは信ずることが出来ないのです。平凡な幸福に浸り、それに執着することは恥ずかしい事です」（「自己を生かすことの幸福」より）

と、その性情と考えを素直に吐露している。

大杉帰国の前々日に、野枝はエマだけを今宿に残し、魔子とルイズを連れて、博多から神戸に上がっている。ほぼ臨月である。

七月十一日の午前十一時に箱根丸が入港する。

この四日前七月七日に、大杉の旅費を出してくれた有島武郎が、軽井沢の別荘「浄月庵」で人妻の波多野秋子（婦人公論記者）と心中をしていたところを発見されていた。実際は六月九日に二人して縊死した模様で、遺骸が見つかったのがこの時である。二人の腐敗はひどく、床・壁・天上どころか屋外にまで蛆虫が這っていたと伝聞する。大杉は有島の死を上海を出港してから聞かされている。その夜は神戸須磨の旅館に一泊し、翌朝、東京へ向っている。

当時、神戸—東京間は鉄道で約一二時間を要していた。大杉は東京駅に夕刻に着く。多くの同志が出迎える。その数、七、八〇〇人とも聞く。フランス帰りだけにまさに凱旋である。

この大正十二年は学生たちの赤化現象に政府も警視庁も非常に危惧しており、左翼の主義者に対抗するために関東国粋会という、軍が指導し、全国の暴力組織いわゆるヤクザたちが相呼応した団体も出来ていた。

大正時代とは、明治の国家方針、国家権力、警察や特に軍に圧迫され、虐げられた民衆とそれを守ろうとする主義者や学生たちの、窮鼠の抵抗運動の始まりだった。

《第42話》右と左の激突

大正七年の米騒動から、小作人と地主との対立が起こり、十一年（一九二二）には小作解放として、賀川豊彦（一八八八—一九六〇、キリスト教社会主義運動家、貴族院議員、代表作『死線を越えて』）の指導により、「日本農民組合」ができる。

同年、山川均（一八八〇—一九五八、経済学者、社会主義者、山川菊枝の夫）、堺利彦（先述）、徳田球一（一八九四—一九五三、衆議院議員、日本共産党戦後初代書記長）、野坂参三（一八九二—一九九三、初代日本共産党議長、衆参院議員）らにより、「日本共産党」が秘密裏に創立され、無産階級（プロレタリアート）運動を進めていく。

同じく大正十一年、京都岡崎公会堂にて、「全国水平社」の創立大会が実施され、被差別部落の解放運動が始まる。

前年の大正十年には、日本の労働者による団結組合、「日本労働総同盟」ができている。後、分裂や解散を繰り返しつつ、戦後の労働組合の基となった。前述したが、この辺りの労働争議については、共同印刷の争議を描いた徳永直（一八九九―一九五八年、現・熊本市出身、作家）の代表作『太陽のない町』に詳しい。山本薩夫監督が一九五四年に映画化をしている。当時の争議、ストライキ、スト破り、切り崩し、右翼やヤクザ、官憲の脅しや連行逮捕などがよく理解できる。日高澄子、二本柳寛らが好演している。

大正５年、頭山満（右）61歳のとき。中洲のトクナガスタジオにて撮影。左は筒井條之助（頭山満の甥で娘婿、九州日報記者）

大正十一年、ワシントン会議における海軍軍縮条約をうけ、国会も全院一致で軍縮建議案を可決する。軍は反発を深く内臓する。先述したデモクラシー勢力に対し、国粋主義を掲げ、大正八年大日本国粋会（顧問に頭山満、土建業と博徒を中心とした右翼団体）や、同じく北一輝（一八八三―一九三七、国家社会主義運動家、

『日本改造法案大綱』を著す、二・二六事件に連座して死刑となる）や大川周明（一八八六―一九五七、拓大・法政大教授、国家主義的社会主義者、五・一五事件に関与する）らが結成する、「猷存社」（国家主義団体）も生まれる。

大正十年には「大日本国粋会」が割れて、「大和民労会」（やはり土建業と博徒を中心とした右翼団体）、十一年には赤化防止団（反共産主義の行動派右翼）が結成され過激さを増していく。これら種々の民族派国粋団体の最高位に位置していたのが、玄洋社の頭山満である。

片や、社会主義労働運動の思想と行動の前衛にいたのが大杉栄である。両者を紹介し、橋渡しをしたのが代準介である。野枝もまた、赤瀾会（一九二一年十二月に解散）の顧問をしながら、女工労働者の解放、および籠の鳥である娼妓らの解放に論を張っていた。大正十三年に発刊された『女工哀史』は細井和喜蔵（一八九七―一九二五、京都生まれの文筆家）の詳細なルポルタージュである。

大正十二年一月一日の労働者新聞に依ると、

「我国には約六〇万の女工さんがいるが、その内約一〇万人は夜業をさせられている。（中略）かくて二〜三年を経過するならば、他に何等の故障がなくとも、夜業のみの為に彼等は骨と皮ばかりの人間になるのである。（中略）

疾病帰郷者一〇〇〇人中三〇一人、帰郷後重病者一〇〇〇人中五〇五人、帰郷後死亡者一〇〇〇人中四八〇人までは、何れも肺結核、もしくは之れの疑いある者であったという事だ」

売り物買い物の娼妓も辛いが、女工も牛馬のごとくに働かされ「緩慢なる殺人」にあっている。

大杉と野枝は、大正十二年（一九二三）八月の頭に、豊多摩郡淀橋町柏木（現・東京都新宿区）に越す。所轄は淀橋署となった。同月九日ついに待望の男児を授かる。大杉がもっとも尊敬するロシアの行動的革命家ネストル・マフノ（一八八八―一九三四）から、その名を戴き、ネストルと命名した。いかに大杉が欣喜雀躍としたか、喜びの顔が浮かぶようである。すぐに博多の代準介にも電報を打つ。この時期、大杉は「改造」に「無政府将軍　ネストル・マフノ」を執筆中でもあった。奇しくも同時期、娘・千代子も男児を上げる。名を代は恒彦と付ける。千代子と野枝はどこまでもライバルである。

九月十六日、代は男児誕生を喜びお祝いの為に、妻キチの姉であるモトと、長く今宿に預けていたエマを連れて上京する。野枝が産褥中であり、魔子とまだ一歳のルイズもおり、伊藤の親戚の娘・水上雪子を加勢に伴って上京する。

いつものように土産を携えて頭山邸を訪ねる。頭山の本家（筒井家）のことや、博多の諸々を伝え、柏木の大杉の家で一〇日ほどを過ごし、何という強運か、二十七日に東京を発ち、大阪で二泊し、大震災の起こる前日に博多に戻っている。

大正十二年九月一日、午前十一時五十八分、関東大震災が起こる。死者九万一〇〇〇人、被害家屋五二万七〇〇〇戸。浅草十二階は八階から折れる。皮肉な事に、治安を守るべき警視庁は真っ先に焼け落ちる。ちょうど昼餉の時間であり、いたるところから火の手が上がり、東京は焦土と化した。鎌倉八幡宮の屋根は崩れ落ち、大仏様は一メートルほど前に動いた。

九月二日に山本権兵衛が首班となり組閣する。同夜、臨時閣議を開き、三日に東京府と神奈川県に戒厳令を敷き、非常徴発令、暴利取締令（主には米の暴騰を抑える為）を即座に発し、被災者を不安に陥れない策を矢継ぎ早に打った。

地方に逃げる民衆で駅や列車は大混雑、銀行には預金の払い戻しの長蛇の列ができ、新聞、電話、通信施設が途絶え、興奮にかられた流言が飛び交いだす。

「朝鮮人が放火するぞ」

「井戸に毒を投げ入れるぞ」

「後ろに、社会主義者たちがいるぞ」

悪質な風評が蠢き始めていた。

《第43話》関東大震災

関東大震災から二日後、野枝より、お米を送ってくれの電報が入る。

震災で東海道線がやられており、鉄道便では届かぬと考え、代準介は米五俵を博多から船便で送り出す。当時まだ個人への郵送物は禁止されていた。船にすることで蛇の道はヘビと知恵を使ったのであろう。霊南坂の頭山満邸も相当な被害にあい、頭山らは暫くを国士舘で暮らす。後に渋谷の常盤松に居を移す。代は即座にこちらへは中央線経由で米を送る。

代の自叙伝「牟田乃落穂」によると、

「東京大震災の直後、日野中佐（熊蔵、日本最初のパイロット、熊本県人吉出身）、熊本よりの帰途、花園（現・福岡市博多区住吉）の宅に立寄り、又、渡辺氏も帰京を急ぎ居り、予も親戚慰問の為め三人同行して東京に決し、携帯品買求の為め共に外出し水鏡天満宮に詣て神籤《みくじ》を引きたるに旅立見合すべしとあり、神径にかゝり、予は上京を見合す事とせり。實震災前日に東京より帰宅し居り、一週間再び出京し大杉（栄）方に宿泊しおれば同夫妻と共に横浜の震災視察に同行したるなるべし。左すれば彼橘宗一（大杉栄の甥、大杉と野枝と一緒に甘粕ら憲兵隊に虐殺される）少年の如く、予も惨殺に逢ひ足るならん。是免れたるは神亀に従ひたる為なり」と記している。

東京府下は流言蜚語により、人々は自警団を組み、関東の陸軍は戒厳警備、治安維持のために陸続と府下に入ってきた。

自警団は警察と連携して動き、そのいでたちは白の襷がけ、服の上に腰帯を太く巻き、日本刀を一本ぶち込む。足にはゲートルを巻き、地下足袋を履いた。当時の資料絵を見てみると、腰に刀、手には竹槍を持っている。「不逞鮮人各所に蜂起す」のデマが流され、実に臨戦態勢の勇ましい格好で、通行する人々を検問し威圧した。

九月五日の朝、亀戸警察は応援を近衛騎兵十三連隊に求め、川合義虎（一九〇二―一九二三、社会主義労働運動家）、北島吉蔵（一九〇四―一九二三、社会主義労働運動家）、平沢計七（一八八九―一九二三、社会主義労働運動家）らを含む一〇名の労働組合運動家を署内敷地で斬首刺殺し、裸に剥いて荒川の一般火葬死体の中に投げ込んだ。いわゆる「亀戸事件」である。上記運動家の所属する、「南葛労働協会」は非常に戦闘的であり、亀戸署はこのどさくさにリーダーたちを始末しようと機を窺っていた。そして、実行に移したのである。

大正七年に起きた米騒動（富山から始まり、全国に飛び火した）は炭鉱や各労働組合にも波及し、三府二三県の広域騒擾となった。警察だけで抑える事はできず、軍が鎮圧に出動した。この一件からあつものに懲りて膾を噴くような過大防止策が取られていく。

「三千名の朝鮮人襲来」という具体的デマに怯え、自警団、警察、憲兵隊と軍は、討伐のための武装と殺戮を行った。このデマの元は内務省警保局長後藤文夫の呉鎮守府経由各地地方長官宛の電文からである。

「東京附近ノ震災ヲ利用シ、朝鮮人ハ各地ニ放火シ不逞ノ目的ヲ遂行セントシ、現ニ東京市内ニ於テ爆弾ヲ所持シ、石油ヲ注キ放火スルモノアリ、」云々の報である。これには後に正力松太郎（一八八五―一九六九、警察官僚、元読売新聞社主）警視庁高等課長も噛んでいたことが伝えられている。一説には約五〇〇〇人の朝鮮人が惨殺されたと聞く。恐怖時代の始まりとなった。この時の戒厳令が後の軍の跳梁跋扈に繋がり、あの悪法治安維持法の成立にも繋がっていった。

大杉や野枝の身辺も危ないと警告する仲間は多かったが、大杉は生まれたばかりのネストルを乳母車にのせて、そんな噂もどこ吹く風と着流し姿で町を歩いた。夜は町内の夜警番にも出ている。

警察と軍は連携しているようでも、どこか競いあっていた。もともと警視庁は軍よりもプライドが高かった。西南戦争のとき、官軍は田原坂の戦において、薩軍に一方的に押された。そこで警視庁が抜刀隊を組織し、薩軍を打ち負かす。以来、警視庁は軍を見下し、軍はいささかの劣等感を警視庁に有していた。大震災の後、警察は近衛連隊の助力を受けたとはいえ、亀戸事件で名を上げる。この時期の多くの虐殺に裏から正力が関与していたようである。軍、憲兵隊も功をあせっていた。

九月十六日、大杉と野枝は鶴見（現・横浜市鶴見区）に避難している大杉の弟・勇夫婦を見舞う。この時の二人の姿が白の洋装で、帽子を被り、人々が乞食のような被災暮らしをしている時に、あまりにも派手であり、多くに敵意を抱かせたと思う。勇が妹・橘アヤメの子、宗一（六歳）を預かっており、被災暮らしに難渋であろうと、野枝と大杉は宗一を預かる事にした。夕刻に豊多摩郡淀橋町柏木（現・東京都新宿区）まで戻り、自宅まで指呼の間のところで、甘粕正彦憲兵分隊長の部下らに拘引される。行き先は淀橋署ではなく、車で麹町（現・東京都千代田区）の憲兵隊本部に連行される。

その夜、憲兵隊本部の中で、大杉と野枝は撲られ、蹴られ、踏みつけられ、首を絞められるというリンチ行為を受け、その日のうちに虐殺されている。昭和五十一年八月、朝日新聞が事件後五三年の後にスクープ

大正12年の、野枝。顔に自信がみなぎっている（福岡に帰省中の代家にて）

した「死因鑑定書」（陸軍東京第一衛戍病院外科、田中隆一軍医大尉が記したもの）によれば、両者共に肋骨はほとんど折られていたと記されている。詳細に読むと相当に残酷な暴行が為されたことが判かる。宗一君は扼殺されている。残虐な国家テロはその夜のうちに死体を裸にし、莫蓙でくるみ、麻縄で厳重に縊り、憲兵隊本部の裏庭にある古井戸に投げ込み、上から瓦礫で埋め覆い隠した。

「どうせ私たちは畳の上では死なれんとよ」の野枝の口癖の思いが古井戸の底で響いたかもしれない。

戒厳令下は軍に治安の権限がより強くあり、憲兵隊は淀橋署の動きを手ぬるいと見ていた。「国家の蠹毒《とどく》を艾除《がいじょ》せん」と、六歳児までも殺す暴挙に出た。

甘粕は名古屋陸軍幼年学校で大杉の後輩である。大杉が幼年学校中退とはいえ、大杉の無政府主義を国家への裏切りと見ていた。また、日蔭茶屋事件を頽廃の最たるものであり、日本男児にあるまじき行為と唾棄していた。

いつまでも泳がせている警察に対し、甘粕はこの戒厳令下の混乱の中で大杉を殺ってしまおうと実行に移した。甘粕の部下たちは、戒厳令下における非常の際はこれらの行為は犯罪にはならぬと思い込み、命令に従い、まだいたいけな幼い子までも手に掛けてしまった。もちろん甘粕がやったかどうかは、今日ではいろいろな説があり不明である。

第七章

虐殺、そしてその後

《第44話》甘粕とその一派による虐殺

代準介は博多にて、多くの騒擾を解決している。大正十一年（一九二二）、九州帝国大学医学部に問題が生じる。三博士（榊保三郎教授ほか）が多大の礼金をとって、患者の治療手術をしたという「九州帝大医学部特診疑獄事件」である。医は仁術であるはずの医者、それも教授陣の金銭にまつわるスキャンダルである。警察側は庶民正義の考えからやっきの起訴に及ぶ。

「牟田乃落穂」にこう書かれている。

「折から縣警本部より某警部三度訪ね来りしも、予不在にて面接せず。四回目早朝寝込みを計り来る。何事の要件なりやと問ふに具に曰く、實は大学問題に就き意見を承はり度しと、（中略）長官より指名にて来れり、曲げて率直に語られ度しとの言故、次の如き意見を述べたり」

「三博士が特診料の多額を領したるは何等差支へ無かるべし、是を求めたるに非ず與えられたるなり。多く與ふるは患者富の程度によるべし。是等富者が仮にお寺詣りを為さんか、普通五十銭壹圓の布施にては心易からざるべし、而かも自身又は妻子の生命を托する医師に対するに於いておや。寧ろ当然なるべし、乍去順序を誤り取扱ひ厚薄有りせば不都合なり。それ等は徳義の問題なり。（中略）今日罷免せらる是以上制裁を加へる要なかるべし」

代は縣警本部から多くの相談を受けていたが、翌年の大杉事件以降は一切無くなったと記している。

大正十二年（一九二三）九月二十日に、大阪朝日新聞より、「甘粕憲兵分隊長　留置中の大杉栄を刺殺す」の号外が出る。同日、東京の報知新聞や都新聞より代宛に電報が入る。

「大杉栄、伊藤野枝、遺児の三名、憲兵隊麹町分署にて殺害さる」と、カタカナ電文であった。

この時点ではまだ幼子は大杉の甥・橘宗一とは判明していない。代は今宿の亀吉（野枝の父親）に知らせ、亀吉も慌てて善後策を講じるべく住吉花園町の代の家にやってくる。代は即座に警察と県庁に行き、上京許可の証明書を取る。戒厳令中の府下にはこれが無くては入れない。

当時の福岡日日新聞（大正十二年九月二十八日付）の記事によると、先ずキチが取材に答えている。（取材日は九月二十一日と思われる）

「九月一日地震後野枝（子）からは二通のはがきが参りました。最初のは皆無事であるが食糧が欠乏しそうだから米を送って呉れと云うので、二回、三回目のはソレ《ママ》の電報と云ったようなもので、自分の方は皆達者であるが、避難者が多いので白米を三四俵大至急送って呉れ、小児用のミルクも頼むと云うことでありました」

代準介が警察と県庁より戻っての取材には、

「私は三女のエマが永らく今宿に来て居たものですから、ソレを連れて八月上旬上京、地震前に帰福しました。私からコウ云っては妙でありますが、大杉は會う度に大きくなって阿《お》るようでありました。東京には大杉の實弟が居ますが先方にばかし任せて置く訣《わけ》に参りませんから、私も明日の一番で上京しようと思います。二女の幸枝《ママ》（子）が天津の妹の處に貰はれて行って居る外、三女一男ともまだ無籍者ですから、之等の處置もして来ねばなりません」

ちょうど代宅に居た父・亀吉も取材を受け、

「大杉が私の所へ最近来ましたのは一昨年でしたか、八幡で製鉄所の同盟罷行の記念會がありました時、突然訪れましたがその以前一度参りましたきりで平素の音信などは殆どありませんでした。が八月中末子のネストルが生まれました時始めて簡単な手紙を呉れました。（中略）常々私共は大杉や野枝に對して、お前等のする事は解らぬ、何とか考へ直して呉れといひますと、野枝はいつも私も考へ直さないでもないが私共の考へは云ふてもあなた方には解らぬ。私も三十まではどうか自由にさせて呉れ決して心配はかけぬと云ってゐました。三十過ぎたら考へ直すだろうと思ってゐたのです。野枝はお父さんもお母さんも不孝な子供を持ったと諦めて下さいと云ってゐました。あれは強情な所もありましたが、又小使銭を送って呉れたり大分やさしくなってゐました」

と答えている。

亀吉と代は相談の上、東京に詳しく、頭山他にも人脈のある代準介一人で上京する。よく他の野枝研究家たちが亀吉は腰を抜かして寝ついたと書いているがそれは間違いである。瀬戸内寂聴氏が「この道」一二〇回（西日本新聞ほか、地方紙連載コラム）で書かれた、「生まれて間もないネストルは首も据わっていない。年子の一つのルイズ、二つのエマ、六つの魔子を、与吉（通称は亀吉）と代準介が東京からつれて帰った」という記述は、亀吉は上京していないので間違いである。

また井手文子氏の「自由それは私自身」の中でも、「九州の実家からかけつけた野枝の父と代準介は、遺児たちをつれて、十月二日に九州へ旅立った」も間違いである。

たぶん、魔子が子供の頃、代準介のことを「おじいちゃん」と呼んでいたので、記述に誤解が生じたのであろうと思う。

代はまず門司港を目指す。船で下関に渡り、いつもなら定宿の山陽ホテルに泊まるのだが、ホテルは前年の失火で燃え落ちていた。当時の下関駅は今の場所ではなく、門司駅（現・門司港駅）の対岸にあり、細江町

（現・下関市細江町）の海岸側にあった。下関で暮らす野枝の妹・武部ツタが、今日は当家に泊まり、明日の朝の特急ではと誘われるもこれを振り切り、代は大阪行きの夜行に乗り込む。翌朝、大阪で身の回りの品や食料、薬品、幼子たちへの菓子などを買い込む。東京府がまだ震災のせいで焼け野原であり、物品が何も手に入らぬと聞いていたからだ。

《第45話》代準介上京

大阪朝日新聞（一九二三年十月五日付）によると、

「代準介老夫妻は産後何時も乳不足で困って居た野枝女史のために、特に魔子、エンマ（エマ）、ルイズの三人をその都度引取って手塩に掛けて育て上げて来ただけあって、過般大杉氏の奇禍を聞くや取るものも取りあへず東上の途に上がり、途中大阪にて棺桶までも用意して上京」

と記事にしている。

代は大阪から再び東京を目指す。相当量の荷物を赤帽に運ばせる。棺桶類の大きい物はすべてチッキにする。東海道線は神奈川県小田原あたりが壊滅的状況で不通にて、名古屋まで行き、名古屋から行けるところまで行こうと中央線に乗り換える。代は車中、かねてより、いつかこのような日が来るのではないかと云う漠たる不安が現実のものとなった事に驚愕していた。大杉や野枝、その子・魔子の無残なむくろの有り様が脳裏をよぎる。代はまだその時点では犠牲にあったのが橘宗一とは知る由もなく、可愛い盛りの魔子が殺されたものと思い込んでいた。

気はあせれど、長旅である。

汽車ではお向かいの席に京城病院長が座っていた。中仙道木曾川の駅で弁当を二人前購《あがな》う。院長が自分はもう前の駅で食したというと、二人前を一人で食したという。

それにしても、何故に特高警察ではなく、憲兵隊なのか、何故に国民の生命を守るための軍人が幼い命まで殺めたのか、そこが代には解せなかった。

九月二十三日に入京する。

「牟田乃落穂」の中で、大杉事件に触れている。

大正12年9月26日。代準介、単身、博多より上京。大杉栄、伊藤野枝、橘宗一の遺体を荼毘に附す。落合火葬場にて

「大震災當時、大杉栄、野枝、橘宗一の三人、東京憲兵司令部に拉致惨殺せらるの号外に接し、予、不取敢単身東上したり。未だ戒厳令実施中、容易に入京を許さず。特に大杉の関係者なるを以て面倒のこと多かりしも、ようやくにして許さる。又特高課員の案内にて大杉邸に至るに、大勢の同志、文士、弁護士、記者等打集い、善後策に付協議中なり、未だ死体の引取すら決し居らず」

昭和 10 年ころ、頭山満と代準介。東京渋谷常盤松の頭山邸にて

特高課員の案内は、当時警視庁高等課長の正力松太郎がアナキストたちの動向を探るために付けたものと思われる。

「予、着京翌朝、国士舘へ頭山先生を訪いたるに、予の自動車に追尾する新聞社、通信社の自動車八台あり、而して予が頭山訪問の事夕刊に記事となり。為めに予と先生の続柄等の為身辺の保護特に厚く、亦滞京中、各新聞社が順番に自動車を供せり。

翌日、軍法会議に出頭し死体引取を了し、午後、落合火葬場に運びたり」（『牟田乃落穂』）

着いた日には、「未だ死体の引取りすら決し居らず」の状況で、代は陸軍に顔の利く頭山満、官僚等に顔の利く杉山茂丸、及び三浦梧楼将軍に頼る事と考える。

代は翌二十四日に新聞社の車を駆使して、頭山満他に一気に動く。すべて特高課員が先導案内に立っている。

直ぐに第一師団軍法会議検査官より、「無政府主義者の巨頭たる大杉栄が、震災後秩序未だ整わざるに乗じ、如何なる不逞行為に出ずるやも測り難きを憂い、自ら国家の害毒を芟《さん》除せんとしたるにあるものの如し」と、顚末が発表された。

同日、代は大杉の弟等と憲兵司令部に行き、山田法務部長より、明日朝遺体の下げ渡しを確する。

二十五日に東京朝日新聞が、

「甘粕憲兵大尉、大杉栄を殺す　その他二名も共に去る十六日夜某所に於いて」

の大見出しで、事件の詳細を報じる。代の上京までの間、大杉の弟・勇は淀橋署に捜索願を出す。同時に憲兵隊司令部にも行き、三人の安否等を問い質し、よく行動しているが、官憲に相手にされていない。

二十五日朝、陸軍第一師団衛戍病院にて遺体を受け取る。受け取りは、代準介、大杉の弟・勇、神戸から上京した下の弟・進、それに弁護士の山崎今朝弥、他に同志の安成二郎、服部浜次、村木源次郎のメンバーだった。遺体は殺されて約一〇日経っており、まだ残暑の厳しい九月、完全腐乱腐敗していた。受納後、やはり陸軍の落合火葬場に運ぶ。二十七日の未明に荼毘に付された。陸軍軍人等に殺され、あとの始末もすべて陸軍の世話になる。皮肉にして切歯扼腕なことである。落合でお骨になるまでを待っている代の写真が残っているが、非常に沈鬱で瞳に怒りを宿している。

この時、震災から二〇日が過ぎても、東京府下は騒擾が続いており、自警団の跋扈横暴は目に余るものがあり、警視庁は代の身辺警護にずっと課員を配していた。

当時、新聞の論調は幼子まで虐殺したにも拘わらず、甘粕正彦憲兵大尉びいきであった。概ねの新聞は日蔭茶屋事件などから大杉栄を説き起こし、彼を社会の毒と誹謗中傷していたが、甘粕に関しては好意的である。

この九月二十五日の東京朝日新聞によると、

「甘粕大尉は極めて謹厳な精神家で、酒も飲まず道楽も持たず、（中略）平常は無口で読書を好み、（中略）また部下に対しては慈父の子供に対するが如き暖かみを以って接していた。（中略）部下も同大尉を心から敬愛し、今度大尉が軍法会議に回されたことに非常に同情を表し、身代わりさえ切望している部下が少なくないと伝えられている」

と記事にしている。

如何に国や軍にとって不都合なアナキストとはいえ、まったく無抵抗の二人、そしていたいけな六歳児まで殺めた殺人犯をこのように賞賛的に書くのか、真意が知れない。

《第46話》大杉事件顚末

九月二十日の内々の軍法会議の結果、関東戒厳司令長官福田雅太郎大将が免職、東京憲兵隊長小山介蔵大佐、憲兵隊司令官小泉六一少将が停職となる。

十月九日の東京日日新聞に寄れば、「或るものは国士として減刑を願ひ、或るものは国法をみだるものとして極刑を望む。その二つの流れの間に立つ問題の男『大杉栄外二名』の殺害者、憲兵大尉甘粕正彦及び憲兵曹長森慶次郎の公判は、八日午前九時青山の第一師団司令部内の第一師団軍法會議法廷で開かれた」とある。

傍聴券は二〇〇枚位しかなく、傍聴希望者が殺到し、なかなか入手できない状況だった。軍内部での法廷だけに、甘粕や森に温情的に予審尋問は続く。大杉については、震災と同時に九月十日くらいから探し始め、見つけ次第殺そうと考えていたと、確信的に答えている。野枝殺しも供述したが、唯一、宗一殺しについては、甘粕、森両人共に知らないと述べている。十月九日に、鴨志田上等兵が自分が宗一少年を殺したと自白

大正 12 年 11 月 16 日。第 1 師団軍法会議。右横面、直立メガネの男が甘粕正彦、その向こうが森曹長

し、収監される。各人の尋問調書を読むと、それぞれが組織を、誰かを、何かを守るために、進んで罪を被ろうとするいろいろな思惑と経緯があったように思える。

十二月頭、第七回の公判にて結審している。

甘粕正彦大尉　懲役一〇年
森慶次郎曹長　同三年
平井利一伍長　無罪
鴨志田安五郎上等兵　無罪
本多重雄上等兵　無罪

と成っている。実に甘い判決だが、当時のマスコミは社会主義者やデモクラシー自体に反感をもっていたのか、この結果を筆鋒をもって責めていない。ただ伝えただけである。

甘粕は千葉刑務所に収容されていたが、東宮ご成婚（後の昭和天皇と良子皇后）の恩赦で七年半に減刑されていたが、大正十五年十月に仮出獄している。一〇年どころか、実質三年の刑だった。その上に、刑務所内でも特別待遇だった。

大正十五年十月十七日の東京朝日新聞によれば、「待遇は特別囚として看守一名付き添っていたが、かなり自由を与え、月二回ずつ断髪もし、毎日昼間はほとんど外に出て、刑務所の花園でダリヤ、けしの花などの栽培に従事、室内にあっては未決監の掃除をしたり、暇があれば文芸、宗教関係を主としてかなり希望を満たした広い範囲の読書をするほか、和歌を作ったり、ある程度まで横になることも許されていた。

また普通の囚人は医務局に呼び出されて診察を受けるが、大尉だけは医師が一々出張して診察することになっていた」

人殺しというより、憂国の士の扱いである。ただ千葉刑務所の花園で「けしの花」を育てていることが、次の満洲での活動に繋がる。

甘粕は大杉事件で多くの貸しを軍に作ったようで、後に満洲に渡り、関東軍の特務機関の仕事を行う。満洲の妖怪と呼ばれた岸信介（一八九六―一九八七、商工大臣、外務大臣、総理大臣）の推挙により、昭和十四年（一九三九）に満洲映画協会の理事長となる。新京（現・長春）において、満洲国、関東軍、満鉄のすべてに顔の利く、満洲の陰の実力者と成っている。

この映画会社は、通称「満映」と略され、昭和十二年（一九三二）に国策会社として設立された。当時の国家スローガン、「五族協和」「王道楽土」を銀幕上に具現化し、満洲の植民地化を円滑ならしめる機関だった。

敗戦までの六年間、甘粕は多くの陰謀陽謀を行ったが、昭和二十年八月二十日、ソ連軍新京侵攻の日に、青酸カリを飲んで自殺した。遺句は黒板にチョークで書かれていた。

大ばくち打ちそこね

身ぐるみ脱いで
すってんてん

大杉事件において、甘粕は実行犯ではなく、東京憲兵司令部全体の罪を被ったと推測されている。事実、後の厚遇をみればそう思えるが、今や藪の中である。それにしても、軍人ならば阿南惟幾陸軍大臣（一八八七～一九四五、大分県竹田出身、陸軍大将）や大西瀧治郎中将（一八九一～一九四五、兵庫県出身、特攻隊生みの親）のごとく、腹を掻っ捌いて自決してほしかった。青酸カリでは自決の言葉を使えない。あくまで自死の人だった。

　話は前後するが、代準介は遺体引き取り時のことを、「牟田乃落穂」に記している。

「軍法会議に出頭し死体引取りを了し、午後落合火葬場に運足り。当夜は重なるもの集い、四人の遺児の処置や家の仕末葬儀等協議なし、予、年長者の故を以って意見を陳へたるに、予が提説の通り一決」

九月二十七日、午前、同じく落合火葬場にて三人のお骨を揚げる。遺骨は大杉勇氏と分骨された。

十月二日、代準介は遺児四人を連れて九州に戻る。その道中が「牟田乃落穂」に記されている。

「遺児四人、遺骨三人分を携え滞京十三日にして帰途に就く。此の時までに汽車開通しざるため（東海道線、まだ不通）、中仙道（中央線のこと）に廻りたり。警視廳特高課員三名付添い、塩尻（長野県）迄送り呉れたるは大いに助かりたり。一行は予の外、伯母（モト）、女中（雪子）、遺児四人にて車中の困難名状し能わず。且至る処記者の襲撃に弱らせらる、固より、睡眠をなす遑《ひま》なく、辛うじて帰県したり」

「牟田乃落穂」に書かれていないが、神戸まで大杉の弟・進氏も同行している。

《第47話》遺児らを連れて

特高課員が所轄外の長野県まで、代準介や遺児らを送ったことは湯浅倉平警視総監（一八七四～一九四〇、山口県出身、貴族院議員）の許可の下である。淀橋署はいつも大杉と野枝を見張っており、魔子まで顔見知りの仲であり、上手に囲い込んでいた。戒厳令下、憲兵隊が突出し、一気に粛清へと動いた。湯浅総監もまさか幼児までも殺す、ここまでの暴挙に出るとは想像していなかった。惻隠の情、憐憫の情が、三人の刑事への付き添い命令となった。

大正十二年十月十四日の國民新聞によれば、

「甘粕憲兵大尉が大杉栄等を殺害した事が発覚さるに至った動機は、湯浅警視総監が去月十六日大杉栄、伊藤野枝、橘宗一の三名が甘粕憲兵大尉等に検束され其の儘行方不明となった事を聞き及んだので、平素から他の社会主義者の動静を知るに、多大の便宜を警視廳に與へて居た大杉の事とて、其れ一大事と閣議の席上に大杉等行方不明の問題を提議し、遂に殺害事件を掘り出したのだが、警視総監としても淀橋署員等が今回の殺害事件に幇助し居る様な事は知らず、徹底的に糾弾した様な傾きあるが、軍法会議の第一回公判廷で端無くも被告等が淀橋署が幇助し居た事を陳述したので、俄に狼狽し始めた譯で、あると、某司法大官は語った」

とある。

閣議では、湯浅の上司に当たる後藤新平内相が、この虐殺は人道問題であると、田中義一陸相に強く当たったと言われている。多分、憲兵隊と警視廳ナンバー2の正力松太郎とが手を握り、湯浅警視総監はその事を把握していなかったのではないかと推論する。その負い目が刑事三名の見送り派遣となったのであろう。

大正十二年(一九二三)十月二日、新宿駅午後二時五十五分発の中央線で名古屋経由、帰途の途に着いた。汽車が駅に止まるたびに、新聞記者たちが入れ替わり立ち代り、否応なく質問を浴びせかける。魔子(当時六歳)、エマ(二歳)、ルイズ(一歳)、ネストル(〇歳)らは泣き叫ぶ。

「牟田乃落穂」に車中のことが記されている。

「遺児四人を伴い帰途列車内にて、学生又は若き婦人等の惣ては大いに同情し、暫く抱きたしとか菓子等を与う、中には涙を拭きありたり、然るに予の真向に座せる老夫婦あり。時々横目で児等を眺め、是等国賊の一行なりと云わん計りの風にて、終に一言も語らざりし」

十月四日、午後一時三十二分に下関に着く。野枝の妹、武部ツタがホームに出迎えている。船で門司へ渡り、午後三時に出発、五時五十分に博多駅に着く。まる五〇時間強のわびしく難儀な旅であった。駅から今宿までは一〇キロ強もあり、その夜は全員、住吉花園町の代の家にて旅の疲れを癒した。

車中、代は大阪朝日新聞(大正十二年十月五日付)の記者に取材されている。記事が残っている。

「四人の子供もたうとう育ての親の私に帰って来ました。後々の事は布施(辰治)、山崎(今朝弥)の両辨護士と同志の方に総てをお頼みして帰って来ました」

と述べている。野枝は事あるごとに子供等を代の博多の家に預けていた。魔子は祖父亀吉よりも、準介を自分のおじいちゃんと思っていた。代は千代子同様に野枝を娘のように思っていた事は既実だが、その子供たちをも孫というよりも、自分の子供と思っていたようだ。その気持ちがインタビュー記事に現れている。

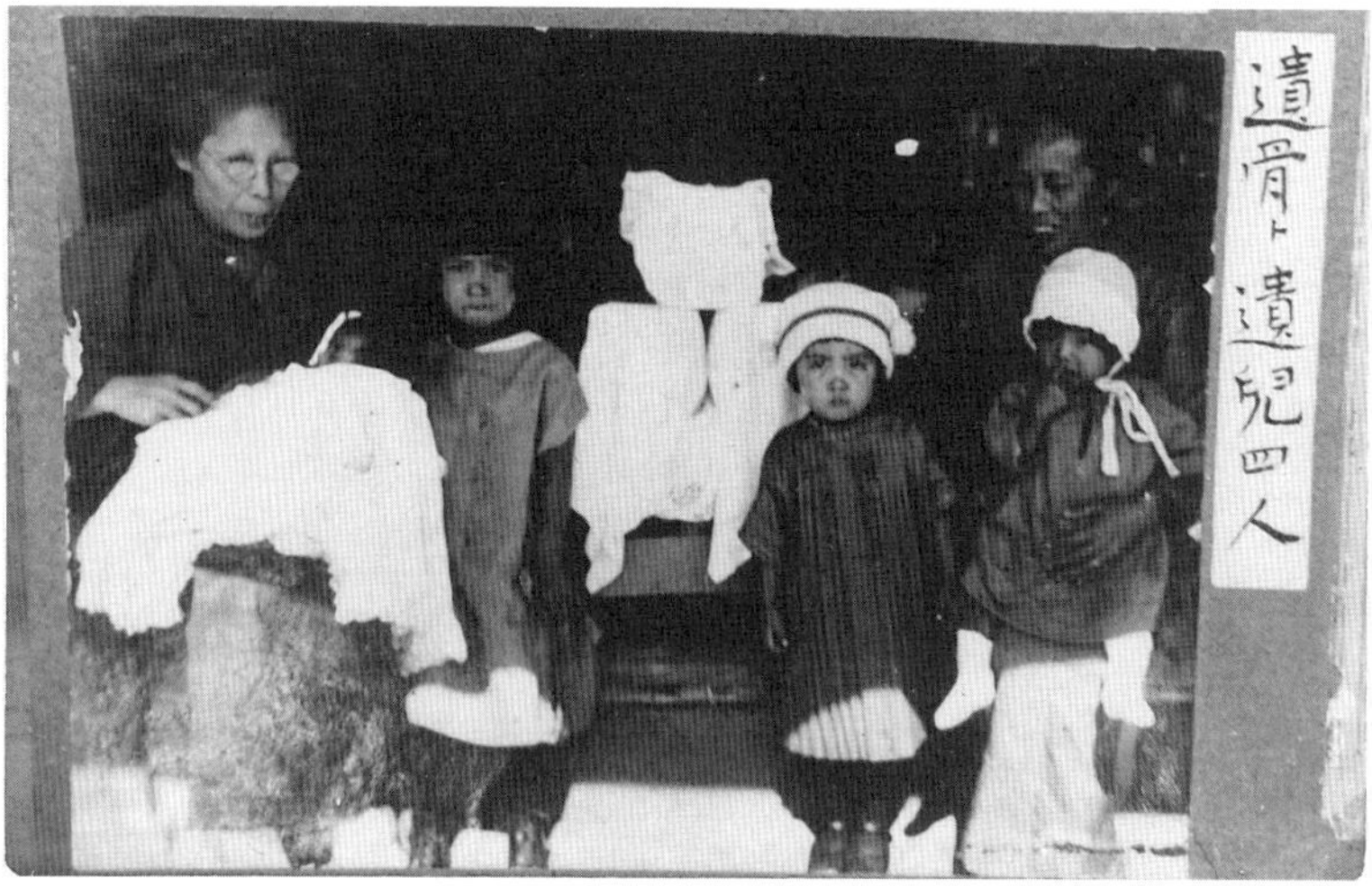

遺骨３つと、遺児４人。左側（代キチ）が、ネストルを抱いている。キチの右が魔子、悲しみをふんばり、奥歯をかみしめている。遺骨の右がエマ、その右、モトが抱いているのがルイズ

大正12年９月25日、代準介は大阪にて入手した棺桶に、伊藤野枝、大杉栄、橘宗一の遺体を東京第一衛戍《えいじゅ》病院にて引き取る。左より安成二郎、代準介、大杉勇（本書186頁）

すぐに代準介は、無戸籍の四児のための戸籍作りに奔走する。国賊の子等という誹謗の中、市の幹部、旧知の警察署長等に懇願し、伊藤野枝の私生児として、戸籍を作り上げた。同時に四児の改名を野枝の父親亀吉と図って行う。

代は大杉と野枝の著した「二人の革命家」の序文が気になっていた。

「彼女と僕の間に出来た第一の女の子は、僕等があんまり世間から悪魔！　悪魔！　と罵られたものだから、つい其の気になって、悪魔の子なら魔子だと云うので魔子と名づけて了った」

世間の風当たりは冷たく、寺から埋葬も拒否されていた。遺児たちの行く末が良いようにと、魔子は眞實の「眞子」に、エマは笑みをたやさぬ「笑子」に、ルイズは両親の遺志を留めるように「留意子」に、ネストルには大杉の名を与え、「栄」と改命名した。

魔子は代家で預かり、エマ、ルイズは今宿の亀吉とムメに。ネストルはまだ乳飲み子にて、やはり今宿に住む代の娘千代子に預ける。千代子もこの年に男児・恒彦を授かっていた。乳も出るし、千代子には双子を授かったと思って育てよ、と代が言ったと伝わる。

すぐに葬儀の用意に入る。

代は一ヶ月目の命日、十月十六日を式日と決め、今宿の松原で葬儀を行った。右翼、在郷軍人会等の反対が多く、警察が警備に当たる。

「牟田乃落穂」の中に、「福岡へ帰着後、未知の人より五、六十通の郵便舞込たり、此内五、六の脅迫状あり。其文章筆跡は惣て低級野卑にして、之に反し、同情の文書は、頗る備われたり。如此を綜合観察し思相の流を察する所ありし、如此は能く味うべき処にして亦観みるの要あるべし」と記している。

代は右翼系国士団の非情さに、真の国士とは何かを考え始めている。今宿および福岡博多一帯での葬儀反対を覚悟を持って一蹴し、執り行う。この時、陰に陽に松本治一郎（一八八七―一九六六、全国水平社中央委員会議長、衆議院議員、参議院議員）等が守ったと伝えられている。

《第48話》今宿での葬儀

今宿（現・福岡市西区）の松原であった葬儀の模様が翌日の福岡日日新聞（大正十二年十月十七日付）に載っている。

「開会に先立ち野枝の叔父代準介氏は遺児ネストルを栄と改名し、之を喪主とする旨挨拶をなし、僧侶数名の読経につぎ、代氏は先ず野枝の叔母（モト）に抱かれたネストルの栄に代わって焼香し、続いて海老茶色の洋装した眞子、並びに灰色の洋装をした可愛らしきエミ子ルイ子等は、何れも親類の人達に抱かれ無邪気な眼を瞠って焼香場に導かれた」

また野枝が十四、五歳の時に作った短歌もその場で紹介されている。

死なばみな一切の事のがれ得て　いかによからん等とふと云う
みすぎとはかなしからずやあはれあはれ　女の声のほそかりしかな

文才溢れるおませな娘は、背伸びして、虚無的で厭世的な歌を詠んでいる。

代準介は、「枝折れて根はなおのびん杉木立」と弔句した。野枝を上野高等女学校に入れるとき、「伸びる木を根元から伐れるもんか」と、妻キチにいったことを思い出していた。

当時、代千代子の長女・嘉代子（筆者の妻の母）は九歳、通学の便から今宿を出て、祖父母（代準介・キチ）の家、住吉花園町で預かっていた。眞子は満六歳にして学齢前だが、準介は春吉尋常小学校一年に入れる。嘉代子は三歳上で四年生、二人は昔の長崎時代の千代子と野枝のように、一緒に通学をする。眞子はもともと、しょっちゅう代の家には幼き日より来ており、嘉代子も妹のように可愛がっていた。嘉代子は妹の喜代子（昭和五年没）、曾代子、眞子を並べて、大杉が訳した『ファブルの昆虫記』（叢文閣版）の「糞虫」つまりフンコロガシの話や、大杉と野枝が共訳したファブルの『科学の不思議』（アルス刊）を読み聞かせる。ぼろぼろの布が美しい紙に蘇ることや、その紙に多くの考えが印刷されていくことや、印刷された文字で人々は科学や教養を共有していく等を学んだ。両本ともに出たばかりの新刊であった。

その年（大正十二）の十二月に東京で、自由連合派労働団体と無政府主義思想団体の共催で、大杉栄、伊藤野枝、橘宗一の葬儀を行う事が決まる。葬儀の司会をする岩佐作太郎（一八七九―一九六七、社会運動家、日本アナキスト連盟全国委員長）が東京より代準介を訪問する。この葬儀にぜひ眞子を連れて上京して欲しいというお願いに下県したのである。眞子は日本中のアナキストや社会主義者たちのアイドルであり、希望の星であり、幼きジャンヌ・ダルクだった。

代は、「一応、石井警察部長をも訪問して、具陳し、諒解を得て置きたいと思う」（「牟田乃落穂」）と、上京のための根回しをする。世間の風潮、とくに在郷軍人会等の圧力もあり、子等をできるだけそっとしておきたかった。警察より内諾を得て、岩佐の願いを聞き、同月十六日の谷中斎場での葬儀に眞子を伴い上京する。当日の朝、右翼団体・大化会の三人により、遺骨を盗まれる。遺骨なしの葬儀となるが、会葬者は約一〇

大正12年10月16日、今宿での葬儀。右が代準介。その左、モト（キチの姉）がネストルを抱いている。左はしが代キチ、ルイズを抱いている。その右が魔子、その右がエマ

○○名に上り、遺骨なき空しさを眞子の愛くるしさが救った。代は葬儀の間、九月二十六日の三宅坂衛戍病院にての遺体引き取り時のことを思い出していた。遺骸は腐乱しており、全身包帯巻でミイラの如き有様。六歳の幼児までも無残に殺害し、一時は事件自体を隠蔽しようとした。あまっさえ今日遺骨を盗み、葬儀さえも妨害する。世間では甘粕正彦等の減刑嘆願署名運動さえ起こっている。眞子の頭を撫でながら、世の中の暗愚さと理不尽さ薄情さを思っていた。この時の司会岩佐の憤怒の挨拶は弔問者の胸を打ったと伝えられる。

代は「牟田乃落穂」に当時の事を述懐している。

「大杉事件も十数日にて処理を果し、一日世田ヶ谷に頭山先生を訪たり。折柄退役軍人や国士型の四五人来り、甘粕へ差入れの揮毫を乞い、又甘粕の助命願ひに御記名を願ひたり。予少し極まり悪るく辞去せんとしたるに、先生お止めありて、自分も東京へ行くから同行せん。暫くして彼等の乗り来れる自動車に長男（頭山）立助氏及び予も乗り込みたり。連中は辛ふじて同乗して一路渋谷衛戍監獄に乗り付け、車内より甘粕の差入物を取り出し、獄内に入込みたり。車内には先生と三人丈残り居りしも、予は先生に申上げ辞去したり」

代は生涯、頭山に私淑し、恭順し、立て続けたが、頭山の下に集う国士型の人間たちの本質には猜疑し、辟易としていた。

この年の暮れ、中浜哲（一八九七―一九二六、社会運動家、ギロチン社を組織、自由労働同盟代表）、古田大次郎（一九〇〇―一九二五、社会主義者、『死の懺悔』はベストセラーとなる）は、大杉の直系の仲間和田久太郎（一八九三―一九二八、アナキスト、労働運動家）と村木源次郎（一八九〇―一九二五、アナキスト）に会い、大杉ほかの暗殺の責任者である戒厳司令官福田雅太郎（一八六六―一九三二、陸軍大将、枢密顧問官）を襲う計画を立てる。

とくに押し詰まった、大正十二年十二月二十七日、難波大助（一八九九―一九二四、無政府主義者、父・難波作之進は衆議院議員）が虎ノ門事件を起こす。第四十八回帝国議会の開院式に向う裕仁摂政（後の昭和天皇）をステッキ銃で狙ったもので、未遂に終わったが、この防衛粗相不備により警視庁湯浅警視総監と正力松太郎官房主事は懲戒免官となった。右は右で動き、左は左で復讐に燃えていた。

《第49話》死刑囚の品格

栄に改名したネストルは、生まれつき体が弱く、かつまだ嬰児の時に関東大震災、生まれて一月で父母を亡くし、生まれて一月半で東京から九州まで二泊三日の長旅と、幼い体に難渋な事が連続して降り掛かっている。大正十三年（一九二四）六月に衰弱が始まり、代は昵懇の福岡赤十字病院秋武六一郎（代が若き日勤めていた長崎・小曾根商店の孫、主人六十一歳の時の孫にて、代が「六一郎」は如何かと命名を言上した）博士を今宿までぐだった。

送り迎えで治療を施すが、八月十五日に両親の後を追った。息を引き取った日は満一歳の誕生日を過ぎてす

すぐに代は亀吉とともに、今宿付近の山中に自然石を求め、挽き出し、松原の一画に石垣の臺座《うてな》を造り、大杉栄、野枝、橘宗一、栄（ネストル）の鎮魂の無銘碑を建立した。今、この牛の胴体のような巨石は流転の末に台座も無く、今津湾が望める今宿の山中で密かに静かに眠っている。

大正十三年九月一日、大震災一周年の日に、和田久太郎は本郷三丁目燕楽軒の前で、自動車から降りてくる福田雅太郎大将を撃ったが、弾丸空発で未遂に終わり、その場で逮捕された。古田大次郎、村木源次郎等も、爆弾を本郷本富士署や福田邸に送ったが未遂に終わり、九月十日に逮捕されている。

大正十四年（一九二五）夏、再び岩佐作太郎が来福した。代準介の元を訪ね、古田大次郎（死刑囚）と和田久太郎（無期懲役）の執行間近く、両者の「一目、眞（魔）子に会いたし」の意向を告げる。

代は「牟田乃落穂」に次のように記している。

「大正十四年九月夏日、東京より岩佐作太郎氏来り。死刑囚古田、和田両氏生前眞子へ一目逢いたしと面会の都度申入れければ、迎（え）の為なりと。予、考うるに、事態の全面論ずるの要なし、今日死の定まれる人の希望を容るるは、人情の忍びざる処なりと、予、決意し、同伴上京したり。

品川駅に下車せしに已に特高課員四名あり、自動車は勿論宿舎の事迄一切便利を謀り呉れたり。翌日、巣鴨刑務所に到り、先ず古田氏に面会す。死の旬日に迫り居る人に面接するは固より初めてなり、其人の態度予め察したるに実に意外なり、少しも暗き風なく言語爽快、其風格は英雄又は大哲人に比すべく、死の迫れる事関知せざるが如し。眞子に向い身体と勉強に注意を与えらる。而して和田氏に面接、是又死を悲しむ風少しも見えず、丈夫の本領斯くあらんと感じたり。

大正13年8月、代準介が今宿の浜に建てた「伊藤野枝・大杉栄・橘宗一」無銘碑の墓

現在、台座はなく、今宿上ノ原、叶ヶ岳の麓にある。
三つに割れており、大杉が野枝と宗一を守っているように見える。

滞在四日、此間一夕、眞子の会（マコの会）の催しあり、会するもの文士、弁護士、思想家あり五十名に達せり。座中、古田氏に及び、衆口一致、予の感想通りなりし」

古田も和田も福田雅太郎陸軍大将に一矢も報えなかった事は慙愧に耐えなかったであろう。古田はこの年の十月十五日に死刑執行となった。遺書は、

「同志諸君、それではこれから参ります。
健康と活動をいのります
大正十四年十月十五日午前八時二十五分　　古田大次郎」

とある。

和田は古田の死から二年半後、秋田刑務所にて自死した。辞世の句は、

もろもろの悩みも消える雪の風

と詠んでいる。和田は死刑を希望していたが、無期となり、同志たちに死に遅れた感慨を持っていた。また死刑にされる事が復讐でもあった。和田は裁判時、検事に対し、「我々のやったこの復讐は男らしくない、卑怯なやり方だと言うが、軍隊や警察があり、裁判権を握っている国家がなんらの防備もない人間を殺すことは男らしい所為であろうか。

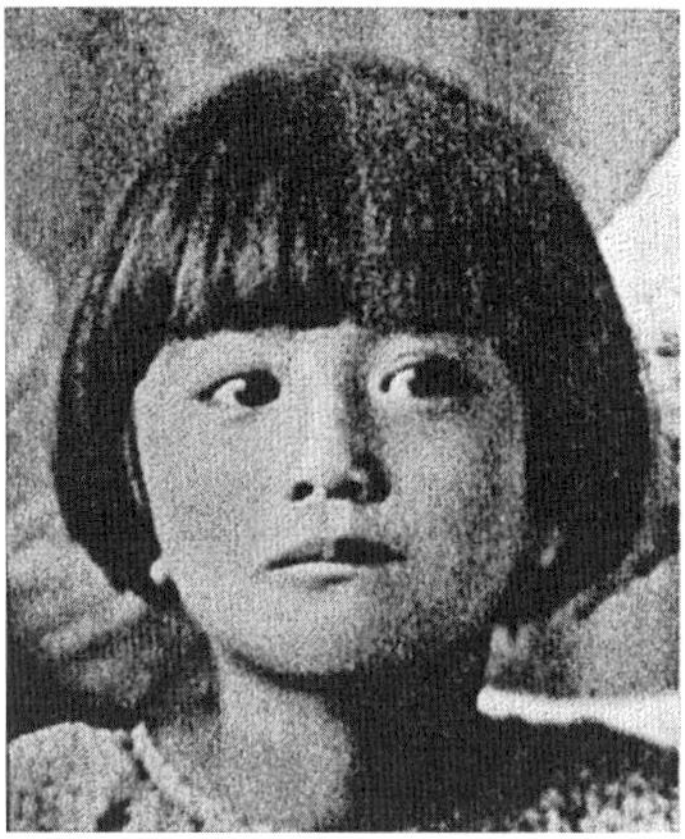

大正14年9月、代準介に連れられた上京したときの眞(魔)子。(巣鴨刑務所で古田大次郎や和田久太郎に会う)

娘千代子が亡くなり、代準介とキチの肩に４人の孫の養育がのしかかった。昭和２年の頃、右から代曽代子（孫）、代嘉代子（孫・筆者の義母）、代準介（60歳）、代恒彦（孫）、喜代子（孫）

無力無辜のものが身を捨てて復讐をする、他に手段はない。あるなら検事に教えて貰いたい」の言葉を残している。

学士インテリ役者澤田正二郎（一八九二―一九二九、新国劇創立者）が演じる机竜之助（大菩薩峠）は、そのニヒルさで天下に人気を博していた。大正とは、ロマンがあり、デモクラシーがあり、エログロナンセンスがあり、テロがあり、虚無の風が吹いていた。

大正十五年（一九二六）一月、野枝と姉妹同様に育った代千代子（筆者の妻の祖母）が肋膜炎にて三十二歳でこの世を去る。野枝が虐殺されてから身体が思わしくなく、結核菌を内に飼う身となった。当時は不治の病にて、妹分野枝の後をわずか二年半余りで追う。

幼き日より、野枝は千代子の真似ばかりして育った。読書も、水練も、登山も、裁縫も、学問も、千代子を目標とし、千代子に優ることが野枝の青春時代の生きるうえでのバネだった。上野高女のとき、三年、四年と級長だった千代子を、五年時には押し退けて級長を張った。姉分を立てる遠慮はなく、野枝にとって千代子はすべての通過儀礼だった。

亡くなったとき、千代子には嘉代子（十二歳）、曾代子（九歳）、喜代子（六歳）、恒彦（三歳）と四人の子等がおり、代とキチはこれらの孫を育てなくてはならなくなった。代は福岡市の南部や東部の土地区画整理事業に着手していたが、時間のかかる仕事で、往時ほどの勢いはなかった。代家にはすでに大杉と野枝の遺児眞子が預けられており、老夫婦にとって五人の養育は肩に重くのしかかった。一方、今宿の野枝の両親亀吉とウメは、眞子の妹笑子（エマ）と留意子（ルイズ）を養育しており、経済的にも眞子を引き取るまでの余裕はなかった。

《第50話》国際問題

大正十五年（一九二六）の五月、眞子は二年八ヵ月育てられた代家を後にする。春吉尋常小学校四年生の時、橘アヤメ（虐殺された橘宗一の母、大杉栄の末妹）が代家と伊藤家の大変さを思い、眞子を引き取ったのである。その後、眞子は大杉勇（大杉栄の弟）の手で育てられ、横浜紅蘭女学院（現・横浜雙葉高校）を卒業し、昭和十一年に博多に戻る。代準介が九州日報（現・西日本新聞社の前身の一つ）に就職させる。そこで神康《こう》生という記者と知り合い結婚。四人の子を生したが、後に博多人形師青木比露志に走り、そこでも一女を生す。青木との不倫が露見したとき、代キチは眞子を仏壇の前に連れて行き、代準介の位牌（代は昭和二十一年十二月十三日

昭和12年、眞(魔)子、九州日報神康生記者と結婚したころ

没）を持ち、「おじいちゃんの代りに、これで叩こうかね」と怒ったと伝わる。母野枝と似た轍に嵌った眞子も、昭和四十三年九月に五十一歳で亡くなった。

幼き日からアナキストたちのアイドルでジャンヌ・ダルクはやはり良妻賢母という枠の中には納まりきれなかったのだろう。

橘アヤメのことを、代は「牟田乃落穂」に記している。

「大杉の妹橘アヤメ病気に罹り六歳の男児宗一を伴い、米国より帰朝し静岡病院にて療養中、東京地方大震災起り、宗一は横浜近親方にて倒壊家屋の下敷となりしも自ら這い出て助かり居るを、大杉夫妻が之を憐み呼び迎へんと横浜に行き連れ帰へる途中、憲兵に拉致され終に司令部にて殺害せられたり。此事病人のアヤメには秘し居りしも、何か変事あるを関知し、病身ながら出京して、総ての事変を知り、殆ど狂人の如く泣き入り五時間に渉るも鎮静せず。

是は斯くあるべし、自身は不治の病に罹り、親代わりの兄夫妻及び一人児は殺害せらる、斯くの如し惨事は他に比すべくも非ず。さり乍ら余り長く静まらざれば病の昂進を慮り、初対面の予、是れを慰めて曰く、此の突発せる惨事に逢い、實に同情に堪へず。然り乍ら前代未聞の大なる死なり、クリストと雖も裁きを受けて刑せらる。官憲即ち憲兵本部に拉致し、暗殺の上死体を匿す等、其の愧悪手段、實に言語に絶す。世界的大なる死なり。茲に諦めらるるは、肉親の執るべき處なりと談じたり。固より普通以上賢明なる人なれば大いに悟り、直ちに米國大使に到り、米國に籍を有する宗一の處置に付申れを為し、大使館は掛合を為す等の、國際的問題とならん」

大正十二年十月九日の東京日日新聞によれば、

「奇禍にあった宗一は大杉氏等の末の妹あやめ（二四）の、天にも地にもたったひとり子である。父は橘惣三郎といひ米國オレゴン州ポトランドにレストランをいとなんでゐる。これまで親子三人で米國にゐたのが、母あやめが病気のため、本年四月父一人を米國に残し自分は母につれられて帰朝し、鶴見の（大杉）勇氏のもとに滞在してゐたが母のみは六月中静岡市にゐる親戚のもとに行き、自分は勇氏のもとに残ってゐた」

と書かれている。

昭和３年、橘アヤメ（橘宗一の母、大杉栄の妹）、眞(魔)子を引きとりに福岡へ。左から、眞子、笑子(エマ)、留意子(ルイズ)

宗一は大正六年四月に北米ポートランドで生まれており、同地にて出生の届け出をしており、米国の市民権を持っていた。米国大使館は直ぐに外務省に、米国籍橘宗一殺害について非常なるクレームを発する。時の第二次山本権兵衛内閣は国際問題として、米国に謝罪する。

同時に虎ノ門事件の責を負って大正十二年の十二月末に同内閣は総辞職する。この一件の責任も大いに影響したと考えられる。

橘アヤメは暫らく、今宿の伊藤家と博多

の代家で過ごし、眞子を連れて横浜へ戻った。

関東大震災の復興は早く、大正十二年（一九二三）十月末にはバラックとはいえ、八万六〇〇〇戸が造られ、十一月末には一一万戸が焼け野原に建てられた。後藤新平が復興院総裁として辣腕を揮う。東京府内の槌音は高く、コンクリート造りのビル建築ラッシュとなる。街路商人たちが町に活力を与え、方々にマーケットが現れた。

震災を境に、女性たちにも新しい仕事が生まれ始めていた。電話交換手、会社の事務員、デパートの店員、タイピスト、バスガールなど。代は野枝の活動は無駄ではなく、少しづつ少しづつ蟻の一穴の如く、時代は動いているように思われた。もちろん、「娼婦」「女工」「女中」の苦しみはまだまだ続いていたが…。昭和十五年のベストセラー『煉瓦女工』（著者・野澤富美子）を読むとまさに奴隷のごとき暮らしである。

代は遠縁の頭山満を人生の師と仰ぎ、頭山のために奔走してきた。されども、この事件を機に多くの社会主義者たちとも交流する事となり、彼等のその正義感、教養、知性、人品、かつ弱者への愛情深きを知り、彼等もまた国を憂うる人間であるという思いに到った。

代は「牟田乃落穂」にその感慨を記している。

「大杉事件当時、吾國将来の思想動向に付、直感せし二三を録す。殺害当時、大杉邸へ来集の同志、文士、画家、弁護士等に面接せしに、個人として何れも品性の高尚にして、實に異様の感に打たれたり」

続けて、「而して、國士舘に頭山先生の許に至れば、来訪者何れも国士型の人なり、是等の動作言語は聊か粗暴の嫌ありたり」

國士舘では甘粕減刑嘆願書に署名も請われている。「予、極まり悪く辞去したり」とある。虐殺された野枝の叔父と知るや知らずや、人情のない連中である。代は右と左、両方の人物たちに刮目していった。

《第51話》内田魯庵

大杉栄・野枝邸（豊多摩郡淀橋町）の隣には、内田魯庵（一八六八―一九二九、評論家、翻訳家、小説家）が住んでいた。

大杉家と内田家は昵懇の間柄で、虐殺される大正十二年（一九二三）九月十六日、大杉と野枝は魔子を内田家に預けて鶴見へと出かけている。この日の大杉と野枝の衣装は、大杉は上下白のスーツ、野枝も白のワンピースである。大杉が南仏マルセーユから神戸港に戻ってきた時の衣装である。この時、神戸まで迎えに行った野枝の衣装も同じ服である。戒厳令下の焦土と化した東京の町を、二人は鮮やかな白で進む。目的の横浜方面は震源地に近い分、府内よりも倒壊家屋が多く、横浜市全域も火の海で全て燃え落ちていた。裸同然の罹災民の中を二人はおしゃれな服で進む。特高は後を付けており、憲兵隊もどこか遠くから見ていたであろう。まるで、死出の白装束を思わせる。もし、魔子を連れて出かけていれば、彼女も宗一同様に殺害されていた事であろう。内田は行方不明の日から虐殺以降も、ずっと昼夜の別なく大杉邸に詰めていた。

代の「牟田乃落穂」に拠れば、「内田魯庵氏は明治大正時代の文豪に新派排撃の旗頭として論陣に立ち、（徳富）蘇峰先生と併称せられたる大家なり。予、固より氏を知らず、大杉邸の隣家にて生前の大杉とは懇親の間柄、死後は晝夜の別なく殆んど詰切の様なり。其風采金持風而も家主とのみ推定し、眞（魔）子に家主さんなりやと問ふに、さうよと答ふ。依って毎日の話相手としたり。

而して退京の前日多数の文士等集り来り、談話中初めて魯庵先生なることを知り、率直に心得違ひたりし事を述べ、併せて毎日無学者と文豪との話説等を謝したり。其一齣を先生の随筆に物せられたり、此は盲目蛇に恐れざると同じからん」

と身を縮めている。

この邂逅で、代は内田の自らを誇らぬ謙虚な人柄に心酔した。この時、代は内田より、大杉が、明治四十四年（一九一一）一月二十四日幸徳秋水ら十二名の「大逆事件」による大量処刑（内一名、管野スガのみは翌日の処刑となっている）の後に作った句を教わった。

昭和５年、後列、おさげ髪が代嘉代子（筆者の義母）。その左、代曽代子。その左、笑子(エマ)。前列、右、留意子(ルイズ)。その左、代恒彦

春三月　縊り残され　花に舞う

まさに大杉と野枝はこの大逆事件から一二年後に、この句の通りになった。代は縊り殺された石灰詰めの酷い臭気の遺体を思い出していた。

内田は、ドストエフスキー『罪と罰』や、トルストイの『復活』など、多くのロシア文学を翻訳している。博覧強記の博学家で、若き日は山田美妙や、尾崎紅葉、矢野龍渓らの遊戯娯楽文学を真の文学に非ずと批判

した。もちろん、大物たちの広い度量の胸を借りての批判である。

虐殺の年の、大阪朝日新聞十月五日付の記事に拠れば、代準介談だが、「遺族の行く末に就いては同志の方から大杉の生前読んでゐた書籍も相當あり、また今日までの著述を取纏め改めて出版すれば、子供の教育資金位は十分に得られるとて懇に話されました」と、記者に話している。このアイデアも内田魯庵であろう。

また、十月七日の國民新聞に拠れば、「大杉栄たちの遺骨は、代準介氏の手で伊藤野枝の郷里福岡に届けられたが、来る（十月）十六日の初命日に同地で本葬を営む事となった。栄、野枝の遺児四人の養育に就て準介氏は、『自分の手ばかりでは遣り得ないので、大杉の持って居た書籍約四五千圓のものを友人等が買収して大杉文庫を作り、同志の為めに公開し、栄、野枝の印税と共に養育費に充てる事になった』と」、取材にて今後の遺児らの養育について開陳している。この大杉文庫等の考えもまた内田が中心となって発案したものであろう。この文庫は大正十三年の治安維持法以降、社会主義の書物を持つだけで読むだけで逮捕の理由となり、養育資金は容易には上がらなかった。

代はわずか二年半の間に、最愛の娘を二人とも亡くしてしまった。ひとりは実娘千代子、またひとりは娘同様の野枝である。

千代子の今宿の家と、野枝の実家のすぐ北側は今津湾である。波は寄せ返し、潮騒は鳴り続ける。眼前に毘沙門山、右前方には千代子と野枝が泳いで渡ったという能古島の南西岸が見える。海に向って右に歩みを進めれば長垂の浜、防風林の松が身をくねらし、風に従うようにみせて、実は反骨に幹を反らせている。野枝が詩に詠ったケエツブロウ（冠カイツブリ）は岩場で羽を休め、寂しく東の空を見つめている。

代はその昔、野枝からの連日の手紙、「お慈悲だから、東京の学校にやってください」「大きくなったら、きっと孝行し、恩返ししますから」の文面にほだされた事を悔やんだ。野枝を上野高女に入れなければ、この糸島あたりで嫁ぎ、妻となり、母となり、いつかは孫を抱き、寿命が許せばひ孫をも抱き、幸せな人生を全うできたものをと悔いた。

《第52話》最後の手紙

野枝が父亀吉と、叔父代準介に宛てた最後の手紙がある。いずれも、大正十二年九月三日、大震災の二日後、発信地は「豊多摩郡淀橋町字柏木三七一番地」(現・東京都新宿区)となっている。まず亀吉宛の手紙、「大変な大地震でしたが私共は幸いみんな無事でした。東京中は三日にもわたって目貫きのところが全部焼けてしまいました。全くの野原です。私共の方は市外なので火事をのがれたので無事にすんだのです。それでもまだ揺れるのはやみません。二日は外にいましたが今日は昼から雨で家の中にいます。もう心配あるまいとおもいます。またくわしくはあとで手紙を書きます。とにかく私共は無事で本当にしあわせです」(長崎新聞、大正十二年十月十日付)と、父親に心配を掛けない、優等生の文を送っている。

同時投函だが、叔父の代準介宛は、「未曾有の大地震で東京はひっくりかえるような騒ぎです。しかし私共は一家中無事ですから御安心下さい。恐ろしい地震につづいて三日にわたる火事で東京の下町は全部焼けてしまひましたそうです。火の手は私共の家からもよく見えました。私共も二日間は外にゐました。今日は雨ですから家にはいってゐます」(福岡日日新聞、大正十二年十月四日付)

と、ここまでは父親に宛てた文面とほぼ同じであるが、次からが違ってくる。

大正12年末、春吉尋常小学校へ通う代嘉代子（筆者の義母）と魔(眞)子（左）（魔子は就学年齢より早く就学した）

「怖いのは食物のない事です。お米はもう玄米しかなく、それをやっと二斗　手には入れましたが、それさへもあとはもうないのです。
一升八十銭とか九十銭とか云ってゐるそうです。何もかもまたたく間になくなってゆきます。御都合がつきますなら出来るだけ早く白米を二三俵か四五俵　鉄道便で送って頂き度うございます、当分の間は恐ろしい食糧難が来るとおもひます」（同）

と、父には言えなかった具体的な無心が認められている。

野枝は父よりも、叔父である代の方が甘えやすかったようだ。

代は事件後、事件の事を忘れるように仕事をする。いつもは着物姿であるが、一旦事が起こればネクタイをする。当時、博多では、「代が背広を着れば何かが起こる」と言われていた。緊急時以外、渋谷常盤松の頭山邸には年二度の挨拶は欠かさなかった。「牟田乃落穂」に九州日報（前身は頭山満が起こした福稜新報、後の西日本新聞の前身の一つ）の事が書かれている。

「昭和初年頃、九州日報社が経営難に陥入り、改革に付き幹部の一人、予に相談あり。之に付き腹案を述べしに予に一任せらる。（中略）此時、幸ひ親族濱地八郎（弁護士、国士舘商業学校評議員）氏も下縣しあれば直ちに面談して所見を述べたり。氏も大共鳴して帰京せられ、頭山先生に申入れたりしに、可能性ありとの通知

大正 14 年 9 月 16 日、虐殺後三回忌。後列右はしが代準介、中はツタ（野枝の妹）、左はし伊藤亀吉（野枝の父）。前列右はし代キチ、順に眞子（魔子）、留意子（ルイズ）、伊藤ムメ（野枝の母）、笑子（エマ）、坂口モト（野枝の叔母、代キチの姉）

大正12年12月、谷中斎場で営まれた「大杉栄・伊藤野枝・橘宗一」合同葬。代準介は眞（魔）子を伴い博多より参列する（本書196頁）

郵　便　は　が　き

料金受取人払郵便

福岡中央局
承　認

1

差出有効期間
2020年１月
31日まで

(切手不要)

８１０-８７９０

156

福岡市中央区大名
二－二－四三
ＥＬＫ大名ビル三〇一

弦　書　房

読者サービス係　行

通信欄

年　　月　　日

このはがきを、小社への通信あるいは小社刊行物の注文にご利用下さい。より早くより確実に入手できます。

お名前

（　　歳）

ご住所

〒

電話

ご職業

お求めになった本のタイトル

ご希望のテーマ・企画

●購入申込書

※直接ご注文（直送）の場合、現品到着後、お振込みください。
送料無料（ただし、1,000円未満の場合は送料250円を申し受けます）

書名	冊
書名	冊
書名	冊

※ご注文は下記へＦＡＸ、電話、メールでも承っています。

弦書房
〒810-0041　福岡市中央区大名2-2-43-301
電話 092(726)9885　FAX 092(726)9886
URL http://genshobo.com/　E-mail books@genshobo.com

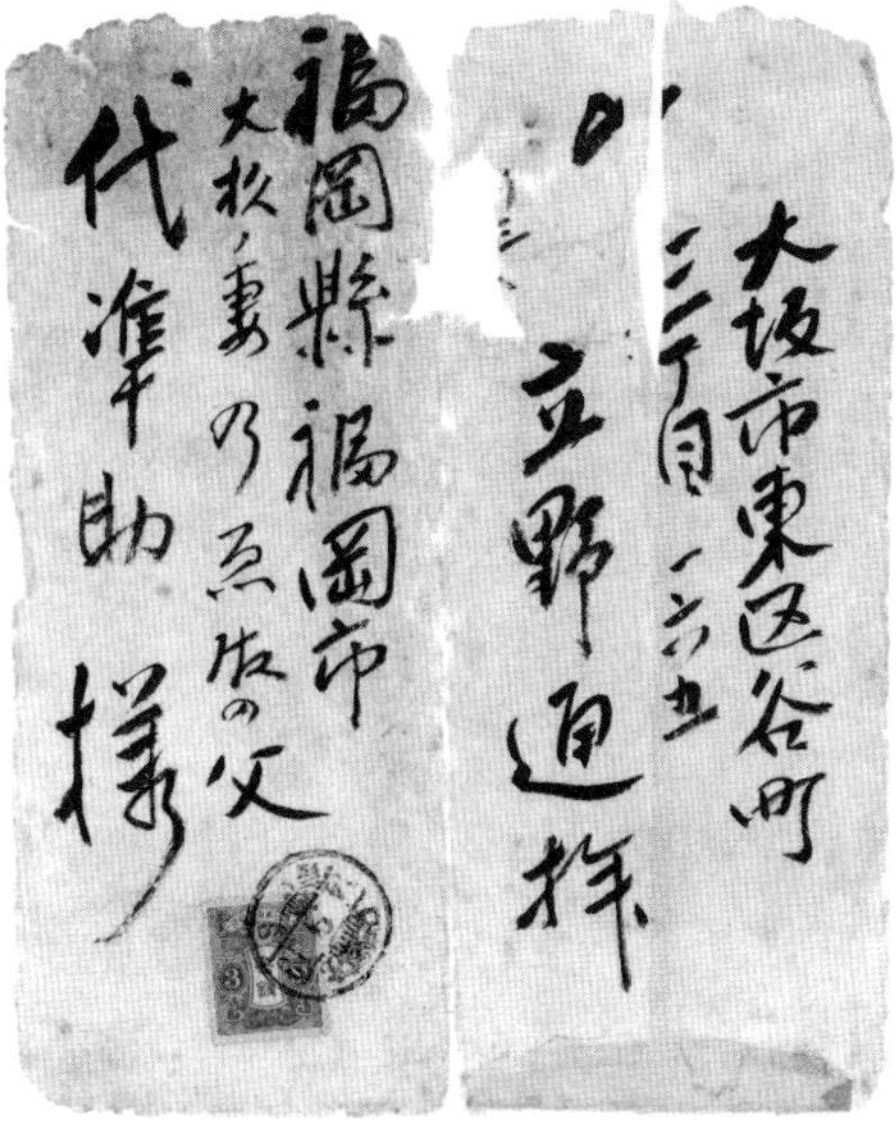

各地からの手紙は、「福岡縣福岡市　大杉ノ妻乃ゑ様の父代準助」とだけで届いていた

に接し、九州日報社の現状一切の書類等携へ上京、先生に言上、大いに勧説申上げ一旦下縣したり」

この件は民政党が補助支援する事となり、話は成らなかった。代は再び直ぐに上京して頭山に陳謝している。福岡市南部土地区画整理事業では地主側の多くの反対があったが、腹にさらしを巻いての折衝の末解決を見ている。また、野間（現・福岡市南区）から大木地区を経て、那珂川への放水路新設問題では、大木地区の土地没収で小作の離農問題が生じた。小作組合に対し、多くの離農料を保証することで解決を見ている。

夏はお盆あとに上京し、御殿場から頭山翁のお供をして富士登山を毎年行っている。頭山という人は渋谷常盤松の家から、毎朝徒歩にて宮益坂、表参道を経て明治神宮へ参拝する。代は自叙伝に「先生の風韻」として記している。

「頭山先生散歩遊ばさるる毎に従ひ、明治神宮其他附近神社藪神様に御参詣せらるるを常とす。尚、路傍の石地蔵にも必拝せられて、五十銭銀貨等奉つらる」

頭山はどの祠、御社にも五〇銭を供えたと聞く。衣装は紋付袴に、胸に懐紙を入れ、神殿では地面に座り、深々と地に額が着くかのようにお参りされたと伝わる。

代は博多駅移転問題で、駅を東比恵に移すべく、一帯五万坪を入手する。東比恵はまだ糟屋郡だった為、

昭和20年、晩年の代準介

なかなか福岡市との合併がならず、杉山茂丸の助けも借りたが、市議会の賛成を得られずこの五万坪をふいにしている。住まいは住吉花園町から大名町さらに薬院に越していたが、一代の大勝負も終わり、故郷今宿に近い姪浜の浜辺の家に越す。

「牟田乃落穂」に、「親族渡辺氏東京の事とて、月に二三回頭山先生に御伺ひしたり。何時も代は上京せずや等お尋ね下され、又本日は『代と云ふ男は萬人に一人』と仰せらるや。

是より幼時より今日迄総ての事を書きて見る気になりて、又先生に申上げたるに夫れは宜しかるべし、自分が題字を書きて與へんとて賜る。依って之を拝領したり」と、題字「牟田乃落穂」の揮毫を頂戴している。

この自叙伝は自分の一代記であり、成功も失敗も具に記している。頭山満先生との交流も多く記載されている。十三歳から村で貸し本屋を始め、長崎で大成功し、東京に出て頭山の膝下で活動し、また再び博多に戻り、元の木阿弥となった。

代の若き日からの座右の書は『方丈記』である。

「ほど狭しといへども、夜臥す床あり。昼居る　座あり。一身を宿すに不足なし」

まさに鴨長明の如くになった。代も、野枝も、千代子も、生きとし生けるもの皆、うたかたの泡である。

今、長垂の浜（現・福岡市西区）に立つと、ただ松籟が野の枝を揺らせているだけである。

余話――頭山満と代準介

頭山満と代準介の交誼は約四〇年にわたる。文中のいくつかを記したい。

代の自叙伝「牟田乃落穂」には、普段着の頭山の姿が記されている。頭山は時の権力者たちと会食する時は概ね自叙伝の中に、築地の「新喜楽」という料亭の名が出てくる。頭山は時の権力者たちと会食する時は概ねここを使っていた。当時の料亭の中では日本一の格式があり、芸妓衆も容貌容姿もよく、話術芸事も優れ、頭山の贔屓の妓も多くいた。頭山も代も酒が飲めぬゆえに、もっぱら料理を楽しみ、芸の見事さを賞でていたようだ。

頭山は大アジア主義の総帥である。民族自決主義と言い換えてもよい。平たく言えば、日本の右翼の大統領といえる。それほどの男が、実は鰻が大の苦手なのである。

「牟田乃落穂」に、こう書かれている。

「大なるものを一尾筒井家（頭山の実家、福岡市西新）に持込み、老公（頭山満の兄）と二人して平らげ盡して夕刻出発、東京へ向ふ。先ず頭山邸に到り先生に謁したるに、頭山先生の最初の言に筒井老兄はとの御訊ねに、予、何気なく昨日大鰻を二人して平らげましたと答へ、ヤアシマッタ先生は大の鰻嫌ひなり。言出して最早取返しつかず、赤面し居りしに、さうかと只仰せられたり。是にて辞去し二三日後伺ひ四方山の話の末、君が帰へる時傳言ありと、暫くして筒井の老公に鰻丈はお止め下さいと。予、又々前日の赤面再燃す。即座に私今より鰻を止めます、自ら止めて御傳言を申上げますと述べたり。夫れは良き事なり、以来今日に及べり」

　これは大正十四年十二月の暮れの逸話である。

　昭和六年春に、頭山は久々に福岡に帰省している。代準介に若き日の昔語りをしている。

「自分（頭山）青年の頃、嘉麻郡に養子に行きたるも離縁せられて帰へりたり。其頃十才位の娘ありしが、未だ生存して今宿地方に居る事なるが訪ね呉れずや、との御言葉により直ちに今宿に至り役場其他調べたるも分からず。其後筒井家玄関に人在り、予、到り見れば即ち其人なり。直ちに先生に申上げ招じて対面在り。昔語り等して無事を喜ばれたり。而して自分が追出されざれば、共白髪なりしと。然るに其時お迎への車来りたれば再會を約して、予も同乗して出掛けたり。車中にて突然、近松が十七年目に巡り會ひと物したるは何なりやと、予、『岸の姫松』でせうと。今日は六十年目に逢ひたりとて微笑せられたり」

　頭山は最初の養子先から一度筒井家に戻り、二度目に頭山家に養子に行っている。最初の家のお嬢さんの事がずっと気になっていたのであろう。中々の男気というか、ロマンチストである。

　昭和七年四月の話である。

　博多より上京し、先ず常磐松の頭山邸に足を運ぶ。頭山先生にご挨拶すると、

「今より坂井大助（一八八七―一九三二、福岡出身、衆議院議員）を見舞ふに共に行かざるや、との言に従ひ同車して行きたり。途中、追分一齣を唄われたり。後、予曰く、今日四五人の来人御名刺を戴きて御紹介を願ひ帰へれり、然るに先生は御若き時より他人の紹介名刺等にて人に御合ひになった事は一度も無いでせうと申ければ、（正に）其様な事なし、自分は秀吉の如く人の草履を執り又主を持ちたる事なし、と言はれたり」

　車中、追分を唄うとは余程ご機嫌がよかったのであろう。坂井大助は中々に外交面で優れた政治家であったが、この年に若くして身まかっている。

大杉事件から十余年たったころ、頭山は事件直後のことを思い出し、代に次のようなことをいっている。甘粕正彦へ国士らが差し入れを渋谷衛戍監獄へ持っていった日のことである。

「十余年打ち過ぎ、或時先生突然思ひ出されて震災の時甘粕の差入れの車に代も同乗して監獄に行きたり、正に呉越同車なりと微笑せられたり」

十余年前、代は渋谷衛戍監獄前で内心憤然として下車している。先生は長くその時のことを気にされていたのでろう。

また、代は頭山の頭髪を頂き、筆を作っている。

「昭和十一年三月、頭山先生八十二才の時、伺候したるに天候晴朗なりし故、明治神宮参拝せらる。予、六十九才御供して参拝したり。其途お勧めして理髪店に立寄り、半歳に渉る長き頭髪を頂戴して、参拝後直ちに谷中筆屋に到り、大筆二本を作らしむ。（中略）筆軸に彫刻を為して頭山先生に差上げて其一本を戴きたり。而して筆箱に村上浪六氏及び藤原健剛氏に揮毫を頼めり。此藤原氏は中山大納言の息・晴麿氏の長男、中山一位局の甥にて、畏くも明治天皇と血族の人なり。而して今年十一月下縣の節是の筆にて神の一字を書して賜りたり」

頭山翁の生毛の筆を代はずっと大切にしていた。

昭和十一年上京の時、

「昭和十一年二月、頭山先生芝水交社にて、建國會発起會に出席の為お出懸けの時お供し、車中にてのお話に此頃は共は連れぬ事にして居る。銃弾等飛来りて一人ならず二人迄も傷付けては気の毒なりと、又暫くして人は己を何と思ひ居るや、己も分からず。固より政治家にあらず、先ず侠客じゃねと仰せられたり。此時、予はそれに答えて曰く，東洋否世界の侠客でせう」と、代はよほど頭山に心酔心服していた。

頭山と代準介の会話をみていると、どこか微笑ましくユーモラスなおじさん達である。また代はけっこう頭山に無理も言っている。やはり「牟田乃落穂」の中に、「昭和十一年東上の時、渋谷頭山邸に殆んど毎日伺候したるも御揮毫を請ひかねたり。何分八十二歳の老齢、特に寒気甚しく御遠慮申居たり。然るに出発両三日に迫りたれば、直接先生に申上げたり。而して其翌早朝重ねて御伺ひしたるに、已に御居間に在りて依頼の書を今書き終たるなり。二階にある故乾きたれば捺印して持ち帰へるべしと、依って至り見れば何と驚くべし、其数五十枚なりき」とある。頭山の書は人気があり、福岡の欲しがる者たちへの土産としたのであろう。五〇枚となれば、この夜は頭山も徹夜であったと想像する。

「牟田乃落穂」の最終項は頭山の長男・立助氏（一八九〇—一九四一、國士舘監事）の月旦で終わっている。父君（頭山満）以上の人格ならんと敬服し褒め称えている。

「人格人と成り非凡にして、十七、八歳の頃、予、頭山邸にて加賀盈進會廣瀬千麿（一八五五—一九二二、金沢出身、国家主義者）氏と朝夕会合して談話して居る内、偶々立助氏の人物評に移り曰く、或ひは父君以上の人格ならん敬服せりとの言にて、其後上海同文書院に学び、院長根津一（一八六〇—一九二七、陸軍軍人、東亜同文書院初代・三代院長）氏が立助氏は飯喰ふ事は出来ないと（頭山）先生に述べられたりしに、先生答へられて、飯等は難しかるべし、飯喰ひ兼ぬる男に仕立て呉れと仰せられたり。（中略）或る時、母上に向ひ友人病気入院中にて訪ね度しとて、小遣ひを所望せらる。母上、紙入れのまま渡さる。而して病院に到り、別れに際して紙入れのまま見舞として與へられ、電車にて帰途につかる車中、切符は固より紙入れを置きたる故に、無一物なり。然るに車中にて未知の人より電車賃を與えられたりと。母上、其人の住所姓名を糺したりやと答えて曰く、其人の恵みたるものにて、姓名を尋ぬるは却って失禮なりしと此の如く、行為普通人と異なる所あり」

昭和7年、11月14日。頭山秀三（頭山満の三男）より、代準介宛の五・一五事件結審の手紙

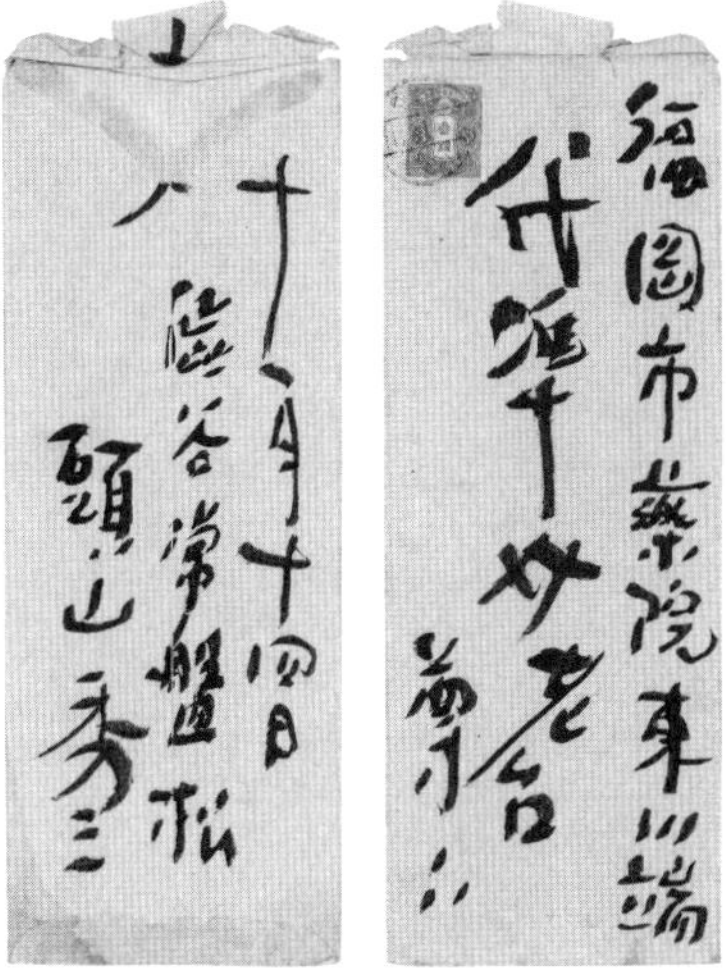

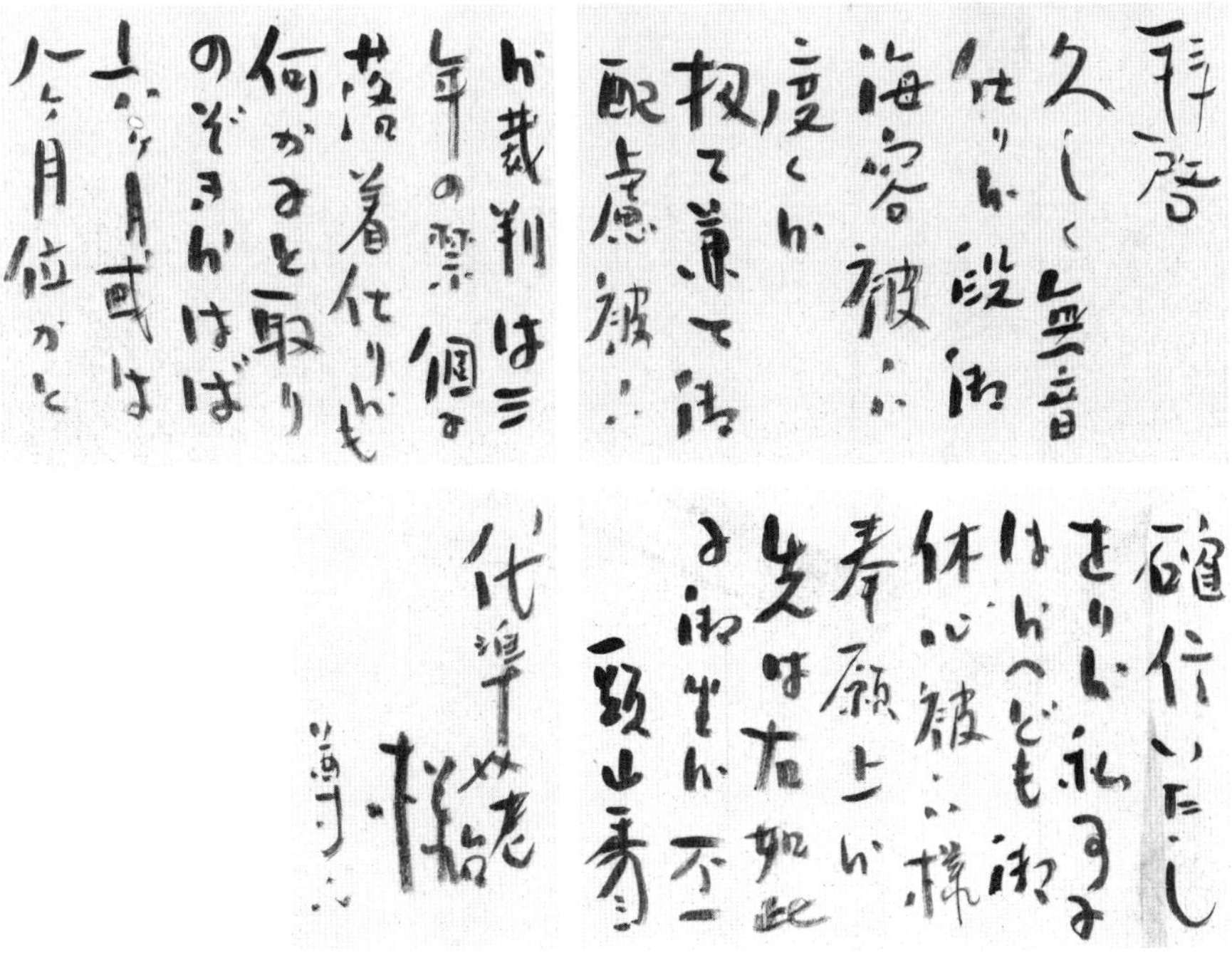

金に物に地位に興味なく、食べていくといった瑣末な事にも興味なく、いつでも命は差し出せるといった人物の恬淡とした大きさを代は気に入っている。

三男秀三（一九〇七―一九五二、五・一五事件のバックボーンの一人、天行会主宰）氏とも叔父のごとき付き合いをしている。秀三氏から代宛の手紙と葉書が残っている。

手紙には、「兼て御配慮の裁判も三年の禁固に落着仕り云々、御休心下さい」の内容が、巻紙に父上そっくりの字でおおらかにつづられている。五・一五事件に加担した罪が結審した頃で、投函日は十一月十四日と成っている。もちろん、昭和七年である。三年といっても、半年から八ヶ月で出所する読みも書いている。

一方、葉書は昭和十年三月二十七日の消印で、

「突然ですけれど、廿一日の午後三時半、男の子が出て来ました。

今日、男子として最も必要は『統一』にあるのではありますまいか。私は其の子に『統一』と命名してやりました」

と、長男出生の連絡である。因みに、残念ながら統一氏は平成二年に祖父満翁の墓前で自決している。頭山は昭和十九年十月五日に八十九歳で、日本の敗戦を知ることなく彼岸に渡った。代は翁の三回忌後、昭和

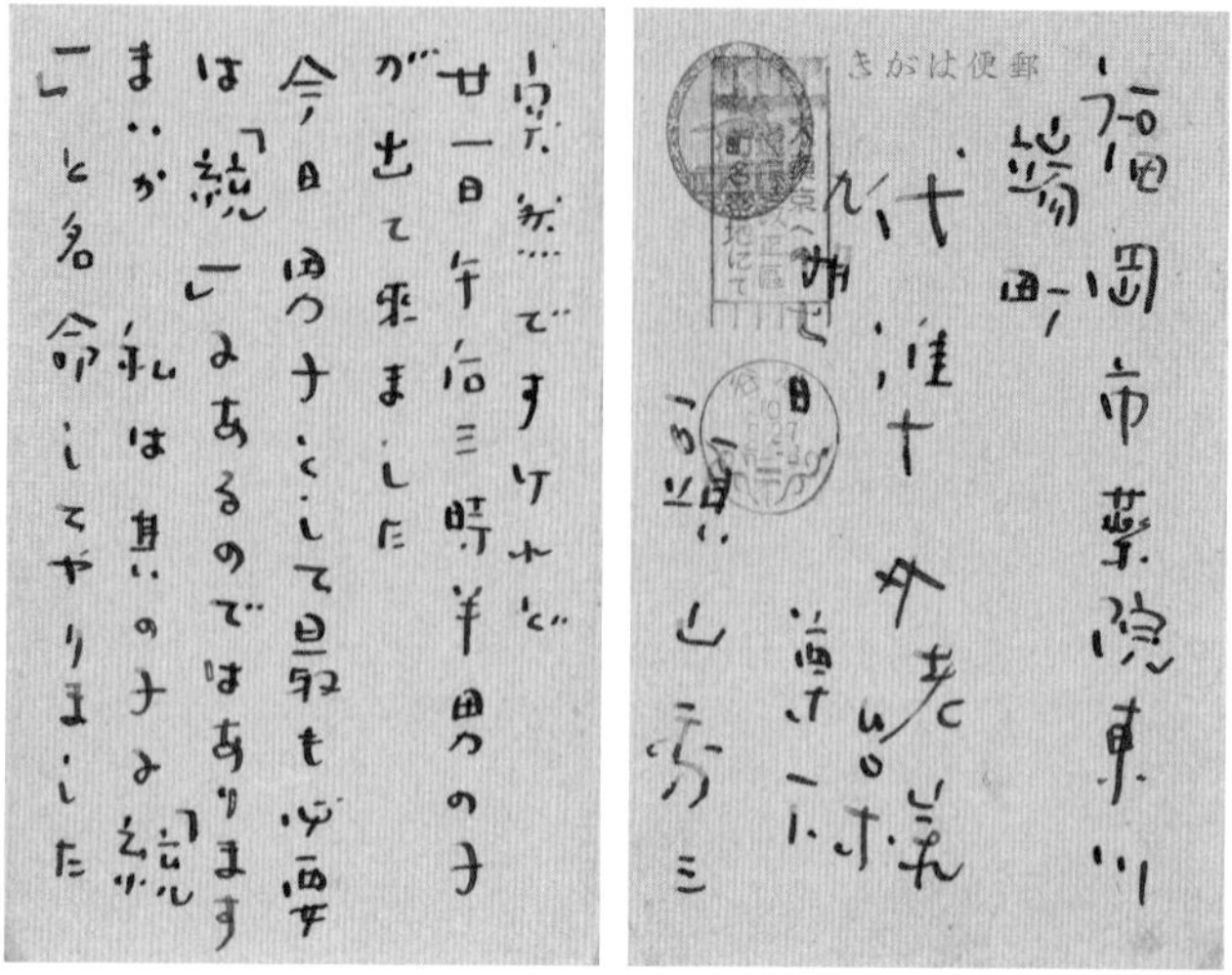
郵便はがき
福岡市薬院東川端町
代準介老様
頭山秀三

突然ですけれど
廿一日午后三時半男の子
が出て来ました
今日男子として最も必要
は「統一」にあるのではありま
すまいか　私は其の子に「統
一」と命名してやりました

昭和10年、9月27日。頭山秀三より代準介へ、長男・統一誕生の知らせ

二十一年十二月十三日に七十九歳で後を追った。

代準介《だいじゅんすけ》・年譜

慶応四・明治元年（一八六八）
七月、福岡県糸島郡太郎丸村にて，父佐七と母ハツの間に生まれる。

明治五年（一八七二）五歳
（品川―横浜間汽車開通）

明治八年（一八七五）七歳
一月、周船寺尋常小学校入学。

明治十年（一八七七）十歳
（西南戦争）

明治十二年（一八七九）十二歳
母、逝去。母はずっと病がちの身にて、臨終に際し、準介を僧侶にと遺言する。

明治十三年（一八八〇）十三歳
周船寺高等小学校卒業。父、長崎へ出る。村の上にある牟田（竹藪の荒地）を開墾して、米六俵を収穫し、村祭りの費用に当てる。家業を継ぎ、日用品雑貨業及び、穀物買入業を営む。同時に、貸本屋業をも営む。

明治十七年（一八八四）十七歳
糸島郡太郎丸村外四ヶ村役場の書記に就任、月給二円。主席書記に上がり、月給五円となる。

明治十八年（一八八五）十八歳
土地惣丈量役場委員（主事）となり、六〇余人を指揮する監督となる。

明治十九年（一八八六）十九歳
福岡県検査員を任命さる。

明治二十年（一八八七）二十歳
九州鉄道株式会社社員に推挙。

明治二十一年（一八八八）二十一歳
市町村制度実施となり、太郎丸村一帯の村役場収入役に当選する。年末、父に会うために長崎までを徒歩にて、二日半で行く（当時まだ鉄道がないため）。

明治二十三年（一八九〇）二十三歳
収入役を辞任。実業界に身を投じるべく、父のいる長崎へ。高島炭鉱小曽根商店に入る。
（第一回総選挙実施）

明治二十四年（一八九一）二十四歳
貿易商で廻漕業の、相良商店の娘モト子を妻に迎える。嫁の実家の家業を手伝う。
（大津事件）

明治二十六年（一八九三）二十六歳
長女千代子授かる。

明治二十七年（一八九四）二十七歳
日清戦争開始につき、海軍より、旗艦松島・厳島・橋立三艦の酒保用達を命じられる。

明治二十八年（一八九五）二十八歳
相良商店を離れ、独立する。海軍の仕事を第一として事業を発展させていく。
（日清戦争）

明治三十一年（一八九八）三十一歳
ロシア艦隊ウスリー号、平戸生月島に座礁。これを三萬円（現価格およそ四億五千万円）で買収。ウスリー号を引き揚げ途中にて売却。

明治三十三年（一九〇〇）三十三歳
三菱造船所用達となる。木材納入と古鉄の払い下げを引き受ける。
（義和団事件）

明治三十四年（一九〇一）三十四歳
以降、三菱よりの仕事殺到する。事業順調にて、長崎一流人とのサロンを作る。茶道に熱中し、書画骨董を蒐集する。

明治三十五年（一九〇二）三十五歳
長崎市においてコレラ大流行。妻モト子の両親発病、転地静養にて治癒させる。

明治三十六年（一九〇三）三十六歳
三菱に北海道産楢材を一手納入する。

明治三十七年（一九〇四）三十七歳
木材納入のため、全九州はもとより、四国、大阪、名古屋、北海道と日本中を視察する。
（日露戦争）

明治三十八年（一九〇五）三十八歳
三菱に主に槻（けやき）を納入する。妻モト子を病にて亡くす。
（日本海大海戦）

明治三十九年（一九〇六）三十九歳
幼馴染伊藤亀吉の妹キチ（ノエの叔母）と再婚する。
（日露戦争後好景気、満鉄創設）

明治四十年（一九〇七）四十歳
上京し、頭山満を訪ねる。（初対面）取次ぎは宮崎滔天。長崎東洋日の出新聞社主鈴木天眼を、主筆の西郷四郎と共に選挙運動をし、衆議院議員に通す。妻キチを連れて富士登山（山中二泊）を為す。夏季休暇中、娘千代子ほか千代子の友二名を連れて上京し、富士一日登山を成功させる。

明治四十一年（一九〇八）四十一歳
春、姪の伊藤ノエを長崎に引き取る。暮、頭山満と玄洋社加勢のため一家で上京。ノエを今宿へ戻す。上野根岸に居を構える。隣家の作家村上浪六の知遇を得る。セルロイド加工業を始める。上野での発明品博覧会開催において、出品人代表委員長を務める。

明治四十二年（一九〇九）四十二歳
頭山満はもちろん杉山茂丸、板垣退助、犬養毅、後藤新平らとも交流を深める。今宿のノエより、頻繁に上野高女に入れて欲しいとの、懇願の手紙が届く。暮、ノエを高女に入れるべく、東京の代家に引き取る。
（伊藤博文暗殺さる）

明治四十三年（一九一〇）四十三歳
ノエを上野高女四年に入れる。千代子、四年の級長となる。日野熊蔵大尉、日本初飛行。知遇を得る。
（大逆事件）（日韓併合）

明治四十四年（一九一一）四十四歳
友綱部屋の角友会（後援会）の創立を為し、会長に板垣退助を戴く。日比谷公園にて「浪人会」の大会運営を行う。長崎、福岡の有為の少年たちを東京の学校にやる。ノヱ、五年の級長となる。ノヱと末松福太郎の仮祝言を挙げる。千代子は柴田勝三郎と婚約させる。

明治四十五・大正元年（一九一二）四十五歳
父佐七、長崎にて逝去。千代子、ノヱ共に上野高女卒業。東京より、再び長崎に戻る。長崎游泳協会主事に就任し、鼠島に遊園地を作る。日野熊蔵少佐に水上飛行機「神風」号の製作を頼み、完成させる。娘・千代子、結婚。
（明治天皇崩御）

大正二年（一九一三）四十六歳
福岡へ移住。西新町（現・福岡市早良区西新）炭鉱相談役に就任。今宿（現・福岡市西区）に玄洋游泳協会を組織する。千代子、長男泰介を出産。

大正三年（一九一四）四十七歳
暮に千代子、長女嘉代子（筆者の義母）を出産。
（ドイツに宣戦布告。青島を攻略）

大正四年（一九一五）四十八歳
長孫、泰介を亡くす。野枝、辻潤と一を伴い帰省、代家にも逗留する。次男流二を出産。
（第一次世界大戦。日本好景気）

大正五年（一九一六）四十九歳
大阪北浜吉野屋株式店会計主任に就任。大阪市北区上福島に居を構える。野枝、金策にやってくる。
（日本好景気、続く）

大正七年（一九一八）五十一歳
株界を退く。福岡へ戻る。住吉花園町（現・福岡市博多区住吉）に居を構える。父親の追善供養のため、東京より大相撲を呼び、今川橋（現・福岡市中央区今川）にて興行を行う。野枝、大杉と魔子をつれて代家にやってくる。
（大正六年に、ロシア革命成る）

大正八年（一九一九）五十二歳
新柳町に蕎麦店「蕎麦喜千」を開く。今津湾（現・福岡市西区）内港埋立て事業を企画。
（国際連盟設立）

大正十一年（一九二二）五十五歳

大杉国外脱出につき、野枝及び子供たちを預かる。

大正十二年（一九二三）五十六歳

大杉、野枝ら虐殺さるの報にて単身すぐに上京。大杉と野枝の隣人、内田魯庵の知遇を得る。遺骸を受け取り、荼毘に付し、子等を連れて中仙道経由で福岡へ。今宿村宇徳（現・福岡市西区今宿）にて、ネストル（零歳児）を喪主として葬儀を行う。子らの改名を行い、戸籍を作る。眞（魔）子を預かる。東京での葬儀に眞（魔）子を連れて上京。他の子らは今宿の亀吉とウメの元に。

（関東大震災）

大正十三年（一九二四）五十七歳

今宿松原に巨石の無銘墓碑を造る。

大正十四年（一九二五）五十八歳

大名町（現・福岡市中央区大名）に越す。二千年前の中国の高僧のミイラ（座禅姿）を入手。

（治安維持法成立）

大正十五、昭和元年（一九二六）五十九歳

娘・千代子三十三歳で他界。実孫四人（嘉代子、喜代子、曾代子、恒彦）を扶養する事となる。眞（魔）子を連れて上京し、死刑囚古田大次郎、及び和田久太郎に会わせる。眞（魔）子、橘アヤメ（大杉の妹、虐殺された宗一の母）に引き取られる。九州日報経営難を救う手立てを考える。（結局、民政党の補助となる）

（甘粕大尉、懲役十年のところ三年で出獄。大正天皇崩御）

昭和二年（一九二七）六十歳

福岡市南部土地整理事業企画。福岡市東部区画整理事業企画、同時に鉄道の移転をも企画。野間及び大木地区の小作問題を解決。

（金融恐慌に入る）

昭和三年（一九二八）六十一歳

杉山茂丸と企画した鉄道移転は大田某の食言にてならず。よって、博多駅移転用地として購入した比恵（現・福岡市博多区比恵）の五万坪をふいにする。

（張作霖、乗用列車爆破）

昭和五年（一九三〇）六十三歳
大木地区（現・福岡市南区大楠）区画整理の際、川底より大楠を掘り出す。毎日、数千人の見物客、及び松本学県知事ほか高等官らが見物に来る。孫の喜代子、十二歳で病死。居を福岡市薬院に移す。
（金解禁）

昭和七年（一九三二）六十五歳
実甥の如くに交流してきた頭山秀三（頭山満、三男）が五・一五事件に関与しており、腐心する。
（上海事変、五・一五事件）

昭和十一年（一九三六）六十九歳
東京芝水交社での「建国会」発起会頭山満と出席。
（二・二六事件、福岡大博覧会）

昭和十二年（一九三七）七十歳
野間（現・福岡市南区野間）地区区画整理事業を成功させる。
（盧溝橋事件、南京占領）

昭和十五年（一九四〇）七十三歳
唐代初期の腰折れの石仏（国宝級）を入手、しばらく渋谷常磐松の頭山満邸に安置する。
（日独伊三国同盟）

昭和十六年（一九四一）七十四歳
（日米開戦）

昭和十七年（一九四二）七十五歳
川底より掘り出した大楠にて大衝立を作り、堀祐峰に「餘光照中外」と彫刻させ、住吉神社（福岡市博多区住吉）に寄贈する。（現在も社務所の玄関に飾られている）
（シンガポール占領）

昭和十九年（一九四四）七十七歳
生涯兄事した頭山満が、御殿場の別荘にて八十九歳で逝く。すぐに葬儀に上京。
（サイパン玉砕、本土大空襲）

昭和二十年（一九四五）七十八歳
福岡大空襲により、居を薬院から、今宿に近い姪浜に移す。
（終戦）

昭和二十一年（一九四六）七十九歳
頭山満の三回忌後、十二月十三日、七十九歳で没す。
自作戒名「吐虹軒円通無得居士」
（天皇人間宣言）

伊藤野枝・年譜

明治二十八年（一八九五）
一月、福岡県糸島郡今宿に、伊藤亀吉（與吉）、ムメ（ウメ）の長女として生まれる。生家の屋号は「萬屋」といい、海産問屋並びに廻漕業を営んでいたが、父亀吉の代で事業に失敗し零落していた。

明治四十一年（一九〇八）十三歳
三月、家の生計が苦しく、長崎に住む叔父代準介・叔母キチの元へ行く。四月、長崎西山女児高等小学校四年に入学。十一月、叔父が一家で東京に越すことになり、今宿に戻る。
※もう一説としては、叔母キチが代準介に後妻として嫁いだ年（明治三十九年）に、尋常小学校を卒業して、十一歳で長崎に引き取られたとも伝わる。

明治四十二年（一九〇九）十四歳
三月、周船寺高等小学校卒業。今宿谷郵便局に就職。高女に行きたく、叔父に懇願の手紙を出し続ける。十一月、従姉・代千代子の通う上野高等女学校編入のため上京。上野根岸の代家に入る。

明治四十三年（一九一〇）十五歳
従姉・千代子の指導を受けて、上野高女四年の編入試験に合格し、入学する。

明治四十四年（一九一一）十六歳
四月、従姉・千代子が続けていた級長に成る。辻潤が英語教師として着任する。八月、夏季帰省中、周船寺の末松福太郎と仮祝言を行う。

明治四十五・大正元年（一九一二）十七歳
三月、上野高女を卒業、今宿に帰郷。四月、末松家に入るもすぐに逐電し、東京へ舞い戻る。そのまま、巣鴨上駒込の辻潤宅に入り、同棲をする。十月、青鞜社に入る。

大正二年（一九一三）十八歳
二月、叔父代準介が動き、末松福太郎と離婚成立。九月、長男一（まこと）を出産。

大正三年（一九一四）十九歳
夏、大杉栄と出会う。惹かれる。八月自身の編集にて「ウォーレン夫人の職業」を発刊。

大正四年（一九一五）二十歳
一月、平塚らいてうの後を引継ぎ、「青鞜」二代目編集発行人となる。春、辻と従妹との不倫が発覚。七月、内縁関係にピリオドを打ち、辻との婚姻届を出す。十月、辻と一（まこと）を伴い、福岡今宿に帰省。十一月、次男流二を今宿にて出産。

大正五年（一九一六）二十一歳
二月、大杉栄と恋愛関係に入る。三月、「青鞜」廃刊。四月、流二を連れて、辻の下を去る。千葉県の御宿に身を隠す。六月、流二を里子に出す。七月、大阪の叔父・代準介の家に金策に行く。九月、大杉栄と同棲を始める。十一月、葉山日蔭茶屋で神近市子、大杉を刺す。

大正六年（一九一七）二十二歳
九月、辻との離婚成立。大杉との間の長女・魔子出産。

大正七年（一九一八）二十三歳
一月、大杉と共同で「文明批評」を創刊。六月、大杉と魔子を連れて、福岡へ帰省。

大正八年（一九一九）二十四歳
十二月、次女エマ（のち養女に出され、幸子と改名）を出産。

大正九年（一九二〇）二十五歳
五月、大杉と共著で「乞食の名誉」を上梓。

大正十年（一九二一）二十六歳
三月、三女エマ（後の、笑子）を出産。四月、「赤瀾会」顧問となる。

大正十一年（一九二二）二十七歳
六月、大杉との共著、「二人の革命家」を出版。四女ルイズ（後の、留意子）出産。十月、エマとルイズを連れて福岡へ帰省。十一月、エマだけを残して、上京。十二月、大杉は国際アナキスト大会（ベルリン）出席のため、隠密裏に日本を脱出。

大正十二年（一九二三）二十八歳
大杉不在の間、魔子、エマ、ルイズと福岡へ戻る。七月、大杉を神戸港に出迎える。八月、大杉との共訳、ファブルの「科学の不思議」を刊行。長男ネストル（後の、栄）を出産。九月一日、関東大震災。九月十六日、大杉栄、甥の橘宗一と共に、甘粕正彦ら憲兵隊に虐殺さる。

（著者作成）

あとがき

代準介《だいじゅんすけ》という男は育英が大好きだった。若い芽を伸ばしていくことが生き甲斐だった。右とか左とか、大杉栄にも、伊藤野枝にも、頭山満にもその分別はなかった。ただこの国を、この社会を、人の住みやすい暮らしやすい世の中にしたかった。

大杉や野枝は頽廃的な男女関係の乱れがあり、世の中から遠ざけられ、自由奔放さへの嫉妬もあったのか世間から憎まれた。

この文に取り掛かる前は、葉山の日蔭茶屋事件のことが頭にあり、不埒な人間たちと思っていたが、調べ続け書き続けているうちに、そのイメージは払拭された。徐々に大杉と野枝に惚れ始めていく自分に気づいた。代準介はもっと早くにそのことに気づいていた。大杉は貧しい労働者階級を何とか人並みに食べていけるようにと奮闘した。野枝は貧しい女性たちが人間としての暮らしができるように努力した。

確かに明治生まれで大正を生きた女たちは奔放であった。ゆえに自分の考えをもっと高め、行動に移させてくれる男たちに動いていったのだ。ただの性的破廉恥と言うにはしのびない。大正という時代の風が野枝たちを駆り立てたのだろう。軍部と官憲は関東大震災のもとに、彼ら奔放主義者たちを抹殺しようと考えた。

二〇一三年、大杉、野枝、橘宗一虐殺から満九〇年となる。その前年にこの本を上梓する事ができた。何度も迷路に陥り、筆が動かず、挫折しかけたが、「牟田乃落穂」の表紙の上に小さな翁がちょこんと現れ、日の丸の扇子を振る。代準介である。彼が話しかけてくる。

「寛治君、悩むな、君の思い通り、まっすぐに書け」とあおる。私はこの本を書くために、彼の曾孫と結婚させせられたのではないかと思うようになった。四〇年近くを掛けて、彼の大いなる策略だったような気もする。

義母（川崎（代）嘉代子）の思いと、彼女の祖父・代準介の自叙伝「牟田乃落穂」を世にさらす事ができた。アルバムに埋もれていた多くの写真も陽の目を見ることとなった。残念なことは、野枝が叔母キチの結婚後、すぐに十歳で長崎の代家に来たという説を解明できなかった点である。当時の尋常小学校は四年制で、高等小学校が四年。明治四十年（一九〇七）に学制は変わり、尋常六年、高等二年となった。高等小学校に入るときに切りよく長崎に来たといわれている。十三歳説は証拠もあり十分であるが。伊藤家の没落からいえば、もっと早くから代家に来ていたと考えられる。その辺りは「牟田乃落穂」にも書かれていない。

私と家内との結婚式に伊藤ルイ（ルイズ・伊藤野枝の四女）さんは駆けつけてくれた。義母が実の妹のように可愛がっており、何度か家にも遊びに来てくれた。眞（魔）子さんとは残念ながら今生で遭遇できなかったが、家内がよく覚えており、低い声質で「イヒヒヒヒ」と笑う人だったと言う。「イヒヒ」か、伝え聞く大杉栄の笑い方である。眞（魔）子さんに伝染していたのだなぁ。

この本の最初の原稿は、「一期は夢よ、風よ嵐よ」と題し、西日本新聞紙上に平成二十三年の一月から八月まで四一回にわたって掲載したものである。最初に井戸を掘っていただいた西日本新聞社文化部（当時）の井口幸久氏、藤田中氏、掲載のご決定を頂いた文化部長上別府保慶氏、連載の舵取りをして頂いたデスクの野中彰久氏に厚く深く御礼を申し上げます。

また新聞連載中から本にしましょうと、熱烈に秋波をお送り頂き、加筆にあたって毎週私の机辺に現れ、叱咤激励を頂きました弦書房の小野静男代表には心底衷心より御礼を申し上げます。

奇しくも虐殺から八九年目の夜にこれを脱稿した。

二〇一二年九月十六日

著者敬白

〈主要参考文献〉

『美は乱調にあり』瀬戸内晴美（寂聴）（文藝春秋、１９６６年）
『大杉栄全集』大杉栄全集刊行会（１９２６年）
『大杉栄書簡集』大杉栄研究会編（海燕書房、１９７４年）
『伊藤野枝全集』（上下）（学藝書林、１９７０年）
『婦人解放の悲劇』エマ・ゴルドマン（伊藤野枝訳）（東雲堂書店、１９１４年）
『ウォーレン夫人の職業』バアナード・ショウ（伊藤野枝子編）（青年学芸社、１９１４年）
『ファブル昆虫記』Ｊ・Ｈ・ファブル（大杉栄訳、小原秀雄解説）（明石書店、２００５年）
『科学の不思議』Ｊ・Ｈ・ファブル（大杉榮、伊藤野枝共訳）（アルス、１９２３年）
『定本　伊藤野枝全集』出手文子・堀切利高編（学藝書林、２０００年）
『自由　それは私自身—評伝伊藤野枝』井手文子（筑摩書房、１９７９年）
『炎の女　伊藤野枝伝』岩崎呉夫（七曜社、１９６３年）
『吹けよ　あれよ　風よ　あらしよ』森まゆみ編（学藝書林、２００１年）
『日録・大杉栄伝』大杉豊（社会評論社、２００９年）
年鑑シナリオ集１９７０「エロス＋虐殺」脚本吉田喜重、山田正弘（ダヴィッド社）
『日本脱出記』大杉栄（土曜社、２０１１年）
『新聞記事に見る　激動近代史』武藤直大編（グラフ社、２００８年）
『国民の歴史』第１３巻　日本近代史研究会編（国文社、１９６４年）
『日本流行歌史』古茂田信男、島田芳文、矢沢保、横沢千秋（社会思想社、１９７０年）
『日本アナキズム運動史』小松隆二（青木書店、１９７２年）
『明治・大正期自立的労働運動の足跡』水沼辰夫（ＪＣＡ出版、１９７９年）
『新編　思い出す人々』より、「最後の大杉」内田魯庵（岩波文庫、１９９４年）
『ルイズ　父に貰いし名は』松下竜一（講談社、１９８２年）
『久さん伝』松下竜一（講談社、１９８３年）
『海の歌う日』伊藤ルイ（講談社、１９８５年）
『へるめす』１９９７年３月号より「大杉榮　自由への疾走」鎌田慧（岩波書店）
『こころ』ｖｏｌ５より「大正時代再発見」（平凡社、２０１２年）
『辻まことマジック』琴海倫（未知谷、２０１０年）
『すぎゆくアダモ』辻まこと（未知谷、２０１１年）
『煉瓦女工』野澤富美子（第一公論社、１９４０年）
『太陽のない街』徳永直（岩波文庫、１９５０年（１９２９年雑誌『戦旗』に連載）
『新訂　閑吟集』浅野健二校注（岩波文庫、１９８９年）
『方丈記（全）』鴨長明　武田友宏（編）（角川ソフィア文庫、２００７年）
『放浪記』林芙美子（みすず書房、２００４年）
『稲妻』林芙美子（角川文庫、１９５７年）
『評伝　長谷川時雨』岩橋邦枝（筑摩書房、１９９３年）
『評伝　野上彌生子』岩橋邦枝（新潮社、２０１１年）
『部落解放史ふくおか』創刊号（１９５７年発行）
『文藝春秋三月臨時増刊号』２０１２年３月号

『芙蓉の人』　新田次郎（文藝春秋、１９７５年）
『生きて行く私』　宇野千代（毎日新聞社、１９８３年）
『筑前玄洋社』　頭山統一（葦書房、１９７７年）
『玄洋社発掘　もう一つの自由民権』　石瀧豊美（西日本新聞社、１９９７年）
『玄洋社　封印された実像』　石瀧豊美（海鳥社、２０１０年）
『杉山茂丸伝』　堀雅昭（弦書房、２００６年）
『姿三四郎・下巻』　富田常雄（新潮文庫、１９７３年）
『小説　大逆事件』　佐木隆三（文藝春秋、２００１年）
『赤旗事件の回顧』（堺利彦集第三巻）（法律文化社、１９７０年）
『貧しき人々の群れ　ほか』　宮本（中條）百合子（新日本出版社、１９９４年）
『辻潤選集　ふもれすく』（五月書房、１９８１年）
『青鞜の時代　平塚らいてうと新しい女たち』　堀場清子（岩波新書、１９８８年）
『神近市子自伝　わが愛わが闘い』（講談社、１９７２年）
『煤煙』　森田草平（岩波書店、２００６年）
『この道』　瀬戸内寂聴（２０１２年西日本新聞長期連載コラム）
『山川菊栄評論集』　山川菊栄（岩波文庫、１９９０年）
『千すじの黒髪　わが愛の与謝野晶子』　田辺聖子（文春文庫、１９７２年）
『無想庵物語』　山本夏彦（文藝春秋、１９８９年）
『自伝的女流文壇史』　吉屋信子（中公文庫、１９７７年）
『かの子繚乱』　瀬戸内晴美（寂聴）（講談社、１９７９年）
『真実一路』　山本有三（新潮社、１９５０年）
『甘粕正彦　乱心の曠野』　佐野真一（新潮社、２００８年）
『東京文学地名辞典』　槌田満文（東京堂出版、１９９７年）
『竹久夢二―精神の遍歴』　関谷定夫（東洋書林、２０００年）
『死の懺悔　古田大次郎遺書完全版』（黒色青年社、１９８３年）
『父野口有情　青春と詩への旅』　野口存弥（筑波書房、１９８０年）
『辛酸　田中正造と足尾鉱毒事件』　城山三郎（角川文庫、１９６２年）
『賀川豊彦』　隅谷三喜男（岩波書店、１９９５年）
『新編　思い出す人々』　紅野敏郎編（岩波文庫、１９９４年）
『天下無敵のメディア人間　喧嘩ジャーナリスト・野依秀市』　佐藤卓己（新潮選書、２０１２年）
『特高警察』　荻野富士夫（岩波新書、２０１２年）

〈写真・資料提供者〉

川崎（代）嘉代子
川崎一正
矢野千佳子
友池廣秋

主要人名索引

＊伊藤野枝、および代準介については本書の大部分に登場するため、この人名索引には掲載していない。

〈著者略歴〉

矢野寛治（やのかんじ）
一九四八年（昭和二十三年）、大分県中津市生まれ。成蹊大学経済学部卒。博報堂コピーライター、二〇〇八年十一月に定年。元福岡コピーライターズクラブ理事長。書評家、映画評論家。西日本新聞を中心に、九州の地元紙・誌にエッセイやコラムを連載。ＲＫＢ毎日放送「今日感テレビ」、ＴＮＣテレビ西日本放送「キューブ」コメンテーター。『伊藤野枝と代準介』で、第二七回地方出版文化功労賞奨励賞受賞。
〔著書〕
『ふつうのコピーライター』（共著、宣伝会議社）、『なりきり映画考』（書肆侃侃房）、『団塊少年』（筆名・中洲次郎、書肆侃侃房）、『反戦映画からの声―あの時代に戻らないために』（弦書房）。

伊《い》藤《とう》野《の》枝《え》と代《だい》準《じゅん》介《すけ》

二〇一二年一〇月三〇日第一刷発行
二〇一八年一一月一五日第三刷発行

著　者　矢《や》野《の》寛《かん》治《じ》
発行者　小野静男
発行所　株式会社　弦書房
（〒810・0041）
福岡市中央区大名二―二―四三
ＥＬＫ大名ビル三〇一
電　話　〇九二・七二六・九八八五
ＦＡＸ　〇九二・七二六・九八八六

印刷　アロー印刷株式会社
製本　篠原製本株式会社

落丁・乱丁の本はお取り替えします

ISBN978-4-86329-081-5　C0023

◆弦書房の本

夢野久作と杉山一族

多田茂治　時代を超えて生き続ける、あの『ドグラ・マグラ』の著者・夢野久作。この作家を生んだ杉山家の血脈を、政財界の黒幕として活躍した父・杉山茂丸と三人の息子たちを中心に壮大に描く、明治大正昭和の近代史。
〈Ａ５判・３８８頁〉**２９４０円**

霊園から見た近代日本

浦辺登　谷中霊園、泉岳寺、木母寺……墓地を散策し思索する。墓碑銘から浮かびあがる人脈と近代史の裏面を《玄洋社》をキーワードに読み解く。「青山霊園を巡っただけで、明治アジア外交史が浮かび上がる」おもしろさ。（荒俣宏評）
〈四六判・２４０頁〉**１９９５円**

幕末の魁《さきがけ》 維新の殿《しんがり》
徳川斉昭の攘夷

小野寺龍太　幕末期、他藩に魁け重要な役割りを果たしながら、攘夷に殉じた水戸藩を通して維新前夜を再考。当時の複雑な人間模様の中から藩士たちの変転する思想と行動をわかりやすく読み解いてゆく。
〈Ａ５判・３０４頁〉**２５２０円**

幕末のロビンソン
開国前後の太平洋漂流《ロビンソン・クルーソー・ゲーム》

岩尾龍太郎　寿三郎、太吉、マクドナルド、万次郎、仙太郎、吉田松蔭、新島襄、小谷部全一郎。激動の時代、歴史に振り回されながら、異国で必死に運命を切り開き、生き抜いた、幕末の漂流者たちの哀しく雄々しい壮絶なドラマ。
〈四六判・３３６頁〉**２３１０円**

中原中也と維新の影

堀雅昭　維新の影を追い続けた長州藩士の末裔、中原中也。その詩に宿るキリスト教と東洋的美意識（もののあはれ）を読みときながら、幕末維新の精神史をも探る異色の評伝。
〈Ａ５判・２７２頁〉**２３１０円**

江戸という幻景

渡辺京二　人びとが残した記録・日記・紀行文の精査から浮かび上がるのびやかな江戸人の心性。近代への内省を促す幻景がここにある。西洋人の見聞録を基に江戸の日本を再現した『逝きし世の面影』著者の評論集。
〈四六判・２６４頁〉【８刷】２５２０円

近代をどう超えるか

渡辺京二対談集

江戸文明からグローバリズムまで、知の最前線の７人と現代が直面する課題を徹底討論。近代を超える様々な可能性を模索する。【対談者】榊原英資、中野三敏、大嶋仁、有馬学、岩岡中正、武田修志、森崎茂
〈四六判・２０８頁〉【２刷】１８９０円

未踏の野を過ぎて

渡辺京二　現代とはなぜこんなにも棲みにくいのか。近現代がかかえる歪みを鋭く分析、変貌する世相の本質をつかみ生き方の支柱を示す。東日本大震災にふれた「無常こそわが友」、「老いとは自分になれることだ」他30編。
【２刷】〈四六判・２３２頁〉２１００円

三島由紀夫と橋川文三【新装版】

宮嶋繁明　橋川は「戦前」の自己を「罪」とみなし、三島は「戦後」の人生を「罪」と処断した。ふたりの作家は戦後をどのように生きねばならなかったのか。二人の思想と文学を読み解き、生き方の同質性をあぶり出す力作評論。
〈四六判・２９０頁〉２３１０円

松田優作と七人の作家たち

「探偵物語」のミステリ

李建志　ＴＶドラマ「探偵物語」の魅力の真相に迫る。一九七九年～八〇年という時代と松田優作が語りかけようとしたものは何か。そのミステリを個性豊かな脚本から解き明かそうと試みた一冊。
〈四六判・２７２頁〉２３１０円

＊表示価格は税込